Carol A. Strip, Ph.D 、 Gretchen Hirsch◎原著

張毓如、張美貞◎譯

協助資優孩子
展翅高飛！

家長與教師實用教養指南

Helping Gifted Children Soar:
A Practical Guide for Parents and Teachers

Helping Gifted Children Soar :

A Practical Guide
for Parents and Teachers

Carol A. Strip, Ph. D.
with Gretchen Hirsch

作者簡介

Carol Strip

Carol Strip 博士在資優教育領域已有超過三十年的資歷，她曾擔任資優教育的老師、行政人員和顧問，目前為俄亥俄州、Olentangy 學區的資優教育專員。在一九九四年，俄亥俄資優兒童協會（Ohio Association for Gifted Children） 推舉 Strip 博士為年度資優教育家。她同時也得到 Ashland Chemical Company 所頒贈頗具名望的金蘋果獎（Golden Apple award）。

Strip 博士之前為 Ashland 大學的副教授，目前為俄亥俄州立大學的副教授，同時也是 Denison 大學夏季資優機構（Summer Institute for the Gifted）的老師及顧問。她曾在 *The Roeper Review and Instructor* 中發表文章。她也曾擔任俄亥俄資優兒童協會和美國資優兒童協會（National Association for Gifted Children）所舉辦研討會中的講師。你可以在美國名人錄中找到她的名字。

Strip 博士在西密西根大學取得學士及碩士學位，並在俄亥俄州立大學取得資優教育課程發展的博士學位。她在俄亥俄州立大學時

也是 Phi Kappa Phi 榮譽協會之會員。

Gretchen Hirsch

Gretchen Hirsch 是俄亥俄州立大學 Phi Beta Kappa 榮譽學會之畢業生，著有 *Womanhours: A 21-Day Time Management Plan that Works*。此外並與 Jay Wilkinson 共同著有 *Bud Wilkinson: An Intimate Portrait of an American Legend*，同時也是 *Affirming the Darkness: An Extended Conversation About Living with Prostate Cancer* 的編輯。

身為 The Stevens/St. John Company 的總經理，Hirsch 為財經、保險、健康和教育方面的客戶提供寶貴的生意資訊。她同時也是公司的寫作和演講指導員。她過著活躍的講台生涯，經常在作家研討會中演講，題目範圍從文法、辭彙到傳播人的時間管理等。她也是俄亥俄州立大學 The Humanities Alumni Society 的創辦人，並獲頒俄亥俄州立大學校友協會的傑出校友獎。

電影「阿甘正傳」的劇情接近結尾時，阿甘發現他有一個兒子。在這電影最具感染力的一幕中，有點遲鈍的阿甘問孩子的母親珍妮說：「他聰明嗎？還是像我？」

當然阿甘是位不尋常的父親，但以某方面來說他也代表每一位父母。當孩子來到世上，父母通常很興奮，有時候有些擔憂但總是非常好奇，他會繼承祖母的棕眼和音樂性向，還是祖父的鼻子和靈巧雙手──或是兩者都有？他會像爸爸一樣喜歡談天還是像媽媽一樣內向？而所有父母都想知道阿甘想知道的：他聰明嗎？

如果你拿起這本書，那你就在問一個更進一步的問題，一個我已聽過數百位父母詢問的問題：「我知道我的孩子很聰明，」他們說：「但他是資優孩子嗎？我懷疑他的智能比其他孩子更高，我說對了嗎？」

我也曾巧妙地回答許多教師同樣的問題，他們注意到一個獨特的孩子在所有領域或一兩個領域上比其他孩子表現突出。

一位父親曾這樣描述：

他的名字叫傑克，住在箱子裡。他很明顯地不喜歡住在箱

子裡，因為他不停地跳出箱子。每次他跳出箱子，大家似乎都很驚訝。一些人想要知道傑克跳出箱子的理由，另一些則試圖解釋傑克應該要待在箱子裡的原因，而幾乎每個人都對傑克又推又壓直到他被關回箱子。

一旦傑克回到箱子裡，人們又開始舊調重彈；傑克一再容忍，但是不久他就又跳出箱子。然後每個人都趕來將他壓回他所屬的地方。

如果這些人觀察傑克一段時間，他們會發現傑克越來越少從箱子裡冒出頭來，然後有一天他就再也不跳出箱子了。

在美國大約有三百萬的孩子──已鑑定或未鑑定的──就像傑克一樣，他們的智能超出我們的預期，同時也超過自己的社交和情緒的發展。他們每一位都是危機中的孩子，在教室中，教師通常不知道如何應付這些聰明絕頂、情緒激烈的孩子。忽略這些孩子超群的能力，而以對待其他孩子的方式對待他們讓教師們覺得較為自在。

在家中，資優孩子的父母則掙扎於教養這些孩子的要求，他們一會兒要討論戰爭道德、一會兒又為折斷最心愛的鉛筆或發現牙齒仙子不是真的而傷心不已。

資優孩子肯定是一團謎，但是如果教師和家長一直試圖要把他們塞進社會預先決定的箱子中，這些原本應該是國家寶藏的孩子可能會變成社會的負擔。

　　因學校沒有挑戰性或因家人無法理解他們而感受厭煩與挫折的資優孩子有時會變得反社會或出現問題行為。他們最後的結局可能是在醫療／心理機構或司法系統度過一生。

　　讓資優孩子保持在軌道上最好的方式是教師和家長共同合作以滋養孩子成長——讓他們跳出箱子之外並讓他們在支持他們情緒和社交需求的氣氛下練習和發展他們的天賦智能。

　　教師和父母都要正確判別——同時也不能誤判——資優孩子，因為他們的特殊需求並不少於肢障或學障的孩子。為了幫助資優孩子在學校與生活中成功，教學方法與教養策略都必須考慮到他們不尋常的智能優勢、學習型態以及情緒需求。

　　這些孩子是我待在教室三十多年的生命中的一部分，教養這些資優孩子是我的生命職志，而這些孩子也是我待在教室的理由。教學是我心之所向也是生涯中最有利的收穫。教學之喜悅來自明瞭我已觸及如此多資優孩子與其父母的生活。

　　我第一次想要當老師是在四歲的時候，我創辦的「學校」有各式各樣的填充娃娃學生，我幫全部的娃娃命名然後依字母順序排列他們，我假裝教他們各種課程和技巧，剛開始的時候是男孩和女孩，最後是研究星星。我的哥哥總是習慣坐在外面聽我上課，他對我的滑稽表演總是覺得很有趣，當我教訓「學生」不照順序發言時，他笑的更是大聲。

　　後來，我發現真實教室中的生活比我孩提時期創造的要複雜多了。首先我馬上就發現，如果要讓學生在學術和社會上有成功機會

的話，很重要的是我不但必須和學生、更必須和家長建立關係。我總是視學生家長為教育和生活上的夥伴，因為他們和我一樣關心如何為學生在學校和家中提供最好的環境。

這也是我寫本書的目的，本書想要鼓勵家長與教師之間建立正向的關係，畢竟這些成人在處理孩子課業、情緒和社交的需求上都是夥伴的關係。

同時身為資優孩子的家長和教師，我曾以兩種身分與資優孩子建立關係。我希望本書能夠幫助你度過你將要做的、最令人興奮、最耗費心力以及最令人振奮的工作——教養資優孩子。

註：為了保護個人的隱私，書中所有孩子的姓名及其他相關性格都做了變更；某些學生的案例則是以多個相似案例混寫而成。

致謝

Carol Strip 要感謝：

我的父母，Harold 和 Marion Gillespie，他們總是表現出書中所描述的堅定的教養行為；我的弟弟 Gary 和弟媳 Elaine Gillespie 對我的鼓勵；我的姪子 Brian Gillespie 和姪女 Julie Gillespie 與 Angela Newton 的啟發和信任；我現在和之前的學生們，他們為教室帶來活力、喜悅和學習的熱愛；許多我有幸指導的研究生教師們；在完美時刻來到我生命中的 Stanley Fish 啟發本書的結尾；Barry Keenan 教我許多關於資優成人世界的面向；Alan Jones 讓我有跳脫窠臼思考的創意精神；我目前的校長和朋友 Linda Gregg 和上司 Bill Reimer，他們對資優孩子的支持讓我們的方案更有力量；感謝我的朋友和同事 Karen Goebbel、Connie Makely、Dennis Claypool、Sherrie Thompson、Sue Harnden 和 Jill Oglesby；總是我倚靠之基石的 Ace Strip；作為我靈感和榜樣的 Steve Brandehoff；真正的外交官 Frank Deaner；散發資優的 Alex Kushkin；創造點子的 Larry Miller；提供箱子裡的傑克的故事的 Jim Boyd；持續保證的 Richard Pizzuti；感謝 Ryan、Scott 和 Kim Pizzuti；大方讓我使用他們故事的 Karen 和 Adrienne Rapp 和 Bob Maibach；我的兒女 Michael 和 Julie Taus 給了我兩個漂亮孫女 Nikki 和

Shelynn；還有當然要感謝的是讀者們，帶著深切的感激和愛，我提供生命中的一部分給您，請記得這是一個希望的故事，而也可能是您的故事。

Gretchen Hirsch 要感謝：

我的兒子 Stew，女兒 Tobey 和孫子 Tommy 和 Tyler，他們是資優的寫實案例；我的媳婦 Lisa 給我和孩子相處時光的美好禮物；分享洞見和幽默的 Scott Huntley；持續支持我的 Evie 和 Doug McCord；本書真正的幕後推手 Angela Palazzolo；對弱勢資優孩子貢獻良多的 Hank Griffith, Sr.；提供絕佳意見回響的 Sheila Lewis；為了本書做了許多努力的作家代理人 Jeff Herman；Jim Webb 和他 Gifted Psychology Press, Inc. 的職員們，他們的耐心和堅持使本書終能有所成；以及我的資優生丈夫和朋友 Tony。

目錄

第1篇 資優導論

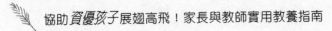

第一章

世界上最大、最高、最長的雲霄飛車

　　教養資優孩子就像住在一個充滿嚇人遊戲器材的主題樂園。有時你會微笑，有時你會嚇得喘不過氣，有時尖叫，有時大叫，有時你看得出神，有時你在座位上動也不動，有時你覺得驕傲，有時在搭乘的過程中讓人精神十分緊張，除了哭之外不知道該怎麼辦。

　　會有以上的反應是很正常的，完全視孩子和他的發展而定。對父母來說，教養資優孩子是一項極大的挑戰，這些孩子和其他孩子歷經同樣的發展階段，但卻有不同的表現。這些孩子的某個部分——認知、思考、能力——比人格特質的其他部分來得「年長」。這種情況稱之為「不同步的發展」（asynchronous development），因為這個孩子的智力超越了他的情緒、社會（有時是身體上的）能力發展，此「不同步的發展」會使一個資優孩子和他的父母覺得受困、挫折、迷惘及困惑。

試著想像一下，你只有五歲，但是可以像國小四年級的學生一樣思考。你如何能找到志同道合的朋友？五歲的小孩太不成熟，十歲的小孩又不把你當回事，如果他們願意讓你跟在身邊，比較可能是把你當作吉祥物，而不是同伴。在體能上，你無法做十歲孩子能做的事，打棒球時，你擊不出安打；你不會騎腳踏車；你無法跑得像他們一樣快。無論你多努力，你在身體上與情感上的發展，都落後你那些年長的同學。這種感覺就像是一個只會說德語的人去義大利和法國旅行，你喜歡待在那兒，但是由於語言和文化上的差異，要讓別人了解你並得到你想要的東西，都是很困難的。

資優孩子不屬於他們所謂的同儕（身體上或智力上）之中任何一方，而且常常成為被嘲弄、貶抑和譏笑的對象。這也難怪他們常常會覺得精疲力竭、自己很怪異或很笨，並感到憤怒。他們原本就特別敏感的情緒更加暴露出來並顯得脆弱，而他們情感成熟度的缺乏會讓你的生活成為最棒的挑戰和最恐怖的夢魘。

資優孩子有許多令人驚奇和愉快的特質，然而當這些特質和不成熟的情緒及社會能力結合在一起時，同樣屬性的相反面看起來就不這麼吸引人了。

資優面面觀		
優勢	劣勢	可能的結果
理解能力比同齡的朋友好很多	發現同齡的人比較笨，並且直言不諱	其他的孩子避開他，大人覺得他「多話」，於是他失去朋友
語言能力超越他的年齡所應有的表現	在語言上超越同齡的朋友，讓朋友不能理解他所說的話說的太多，不讓別人有機會發言	其他的孩子覺得他很傲慢、很有優越感，並且排擠他，於是他很孤單
創造性的思考	用自己的方式解決問題，而不採用老師所教導的方式	老師感到被威脅，認為這個孩子不尊重權威，並且把他當成背叛者一般地壓制他
快速的思考	很容易厭煩及不做完例行作業。另一方面來說，可能會放棄這個作業，在教室中跑來跑去找別的事做	老師可能會認為這個孩子不專注、不乖巧，或是有行為問題，會對其他同學造成不好的影響
高度的活力	很容易分心，對每件事都有興趣，卻成就不了任何事	這個孩子自己也可能覺得同時從事許多事讓他精疲力竭，高度的活力也可能被誤認為注意力缺陷過動症（ADHD），可能會被建議用藥來「安撫」

（下頁續）

（續上表）

專注力極高	有時投入一項活動的時間太長，太注意細節而忘了截止日期	因為指定的作業未完成而得到很低的分數，以至於孩子、父母、教師都很挫折
和成人同等級的思考力	雖有和成人同等級的思考力，卻沒有同等級的社會技能（譬如說圓融），可能會說一些無禮或讓人尷尬的話	大人和小孩都覺得他很無禮，並且躲避他

在美國資優兒童協會（National Association for Gifted Children）的網站上（www.nagc.org）將資優的人定義為「在一個或多個領域上，擁有（或有潛力）表現出不平凡程度的能力」。這些領域包括了特殊學術性向、智力、創造力、領導才能和視覺表演藝術。

Joseph Renzulli，一個資優教育領域的先驅，曾如此描述資優的特質：

> 「資優行為」反映了人類特質中三種基本群組的互動，這三個群組分別是超越了一般或特殊的能力、高完成任務能力和高創造力……在這三個群組能證明或發展良好互動的人需要一般學校計畫所下能提供的多樣化教育機會及服務[1]。

---

[1] Sternberg, R. J. & Davidson, J. (Eds.). (1986). *Conceptions of giftedness.* New York: Cambridge University Press.

在此領域的其他專家則表列了關於資優孩子的共同特質。列表中的項目經常被用來當作評斷一個孩子是否為資優的篩選工具。《資優的成長：在家庭和學校發展孩子的潛力》（*Growing Up Gifted: Developing the Potential of Children at Home and at School*）的作者 Barbara Clark 和其他教育家提出了至少下列的特質：

- 超乎常人的好奇心
- 彈性的思考歷程
- 能夠提出有助於解答的問題
- 獨特的記憶力
- 獨立的思考與行動
- 擁有許多不同主題的知識
- 邏輯性的思考歷程
- 原創性
- 對他人的感覺和期待有獨特的敏感性
- 意志力強
- 理想主義
- 對有興趣的領域有創造力
- 保持幽默感
- 感覺自己和他人不同
- 高度發展的正義感和道德判斷
- 能夠辨認想法和行為的不一致

- 完美主義[2]

科羅拉多州丹佛市資優發展中心（一個提供資優孩子及家庭計畫和支持的組織）的主持人，Linda Silverman，加上了其他的條件：

- 擁有高注意力廣度（如果他們對某件事有興趣）
- 展現獨特的活力
- 很早就能閱讀；若不能閱讀，則很喜歡別人讀給他聽
- 質疑權威
- 表現出豐富的想像力
- 擅長拼圖遊戲

以上的一或兩個特質並不構成資優，但是這些特質集合起來則代表了這個孩子是資優的。

許多資優孩子有極高的創造力，但是創造力很難定義，更難以測量。有些專家覺得創造力必須包含一項產品，所謂的產品是指創造出的一首歌、詩、一個表現、理論或是藝術作品。「托浪斯創造性思考測驗」（*Torrance Tests of Creative Thinking*）的編製者 E. Paul Torrance 指出：

> 　　當一個人解決了他從來沒有學習或練習過的問題時，
> 他就展現了某種程度的創造力。有一些解決方法⋯⋯需要

2　Clark, B. (1988). *Growing up gifted: Developing the potential of children at home and at school (Fifth Edition)*. Upper Saddle River, NJ: Merrill.

的只是一點點創造性的躍進，而其他的則需要在思考上有真正的突破。它們都需要個體能超越自己已知的部分[3]。

俄亥俄州 Ashland 大學的資優發展計畫主持人 Jane Piirto 補充道：「創造性的人格特質要不是被發展就是被阻礙……每個人都有創造力，那些高創造力的人是經由學習而來的[4]。」無論創造力是什麼，大部分的專家相信，父母、教師和大眾必須要提供學生練習他們思考創造的想法和創新事物的機會。

資優可以透過視覺和表演藝術來證明。顯然地，那些在前述領域中有天賦的人將會在音樂、舞蹈藝術、戲劇表演、舞台設計、化妝及其他和此相關的領域中有傑出的表現。

領導才能也是一種資優的表現。領導才能的特質包括了文字與口語溝通、決策、問題解決、團隊工作和計畫等方面出色的能力[5]。

就如同在一條連續的光譜上有很多顏色，資優也有很多種等級。大部分的資優孩子在一或兩項能力上特別傑出，像是數學、科學或音樂，但他們可能在其他學科上表現不佳。然而，也有一些資優孩

---

[3] Torrance, E. P. & Goff, K. (1989). A quiet revolution. *Journal of Creative Behavior,* pp. 2, 23, 136-145.

[4] Piirto, J. (1998). *Understanding those who create* (Second Edition). Scottsdale, AZ: Gifted Psychology Press.

[5] Karnes, F. A. & Chauvin, J. C. (2000). *Leadership development program manual.* Scottsdale, AZ: Gifted Psychology Press.

子在各方面的表現都非常出色。

在各種族及社經地位的族群中都會發現資優的情形，資優也可能同時合併其他功能的障礙，包括各種身體上的障礙，像是腦性麻痺，視覺、語言、聽覺障礙，或是特定的學習障礙。有時候學校的工作人員很難發現在這樣的障礙下仍有資優的情形存在。資優的孩子已經是一種特例了，伴隨著障礙的資優甚至被認為是特例中的特例（雙重特殊）（twice exceptional）。像這樣的學生理應接受來自兩方面的教育。

高度資優孩子（IQ 在 145-160 以上）在資優孩子的族群中形成了子群，他們很容易成為媒體矚目的焦點。簡單的說，如果是一個「中度的」（moderate）資優孩子，想當然爾，他們學習的較快、較深入，被安置在特殊資源教室，和其他的聰明孩子一同學習，參與特別的教學計畫。一般來說，他們在學校環境中能夠有很好的適應和表現。而高度資優孩子可能不適合一般的學校環境，他們可能需要量身訂做的課程、較高階段的課程、個人家教，甚至是特別的學校。事實上，高度資優孩子和中度資優孩子的差異就像中度資優孩子和平均智力孩子的差異一樣。

資優孩子的幾個例子

雖然我們認為資優是上天的恩賜，孩子不尋常的能力卻常常在

家中和學校遭到誤解。這些被誤解的孩子也常因而感到鬱悶。身為孩子的父母，你無可避免的見到孩子最糟糕的行為，可能是他的眼淚、壞脾氣和不理性的憤怒。作為一個資優孩子並不容易，作為他們的父母和老師也絕對是一項挑戰。

　　大家都認為資優孩子合群、愛好和平、用功、勤勞、對許多事物感到興趣，且在學校中適應良好。有時候的確如此。許多資優孩子很迷人又討人喜歡，但是有時候這些資優孩子讓人覺得迷惑、充滿挑戰，甚至挫折。接下來的例子即在描述這些資優孩子的多樣性。

愛琳

　　愛琳目前就讀國小三年級，她深受同學愛戴，有一次她因為心不在焉而穿了兩隻不同顏色的襪子去學校，接下來的一個星期，幾乎每個同學都學她如此打扮。在毫不知情的情況下，她創造了流行。

　　除了她的資優外，愛琳在母親的養育下，有一個特別的特質。這個特質是同理心。愛琳對於其他孩子的需要和不安全感非常敏感。她會放慢腳步去加入那些落後的同學。她非常受歡迎，而且對於自己的天賦表現地極為謙虛。其他的孩子仰慕她，並且將她視為領導者。

葛瑞絲和威利

十年級的葛瑞絲和威利是雙胞胎，兩人都是資優兒童，但資優的領域不同。葛瑞絲在藝術和數學方面資優，威利則是在文學和語言方面。他們的父母在他們出生前移民到美國，常常強調家庭和責任的重要。他們致力於讓這對雙胞胎去欣賞雙方的天賦，並且堅持要葛瑞絲和威利學習合作而非競爭。葛瑞絲指導威利數學，威利則帶領葛瑞絲了解詩的深度內涵。他們兩個都在上鋼琴課。當遇到比較困難的段落時會互相幫助。因為他們在家中學到待人和善與合作的態度，所以也把這樣的特質帶到學校。這使得他們在老師和同學間相當受到歡迎。最近他們分別進入不同的大學，但仍舊是很親密的朋友，並且受到周圍朋友的喜愛。

凱文

九歲的凱文是個數學神童。因為數學是一種非常連續性（sequential）的活動，所以它十分適合獨立的計畫學習。凱文的資源教師十分確信他一定可以達到自己想要的學習成果。他對凱文的信心給了凱文很大的自信，進而在他的社交生活上幫了很大的忙。他變得自信而不自大，並且總是在其他同學有數學方面的問題時自願幫忙指導。

12 ▬▬

當凱文六年級的時候，他表示想要參加學業性向測驗（Scholastic Aptitude Test, SAT），所以他的老師為他安排了一系列測驗前的練習。雖然考試時他比其他考生整整小了一歲，他仍然表現的非常好。事實上，他數學得了滿分。令他驚訝的是（他的老師可不），他在語文部分也得了滿分。雖然他為自己的表現感到驕傲，但他並不誇耀，並且以謙虛的態度面對同學的祝賀。

上述的孩子皆能在高成就和高社會競爭取得平衡。這些孩子在不需太多的介入下就能在學校體制內有成功的表現。然而，和葛瑞絲或凱文或愛琳一樣聰明的孩子，也有些會表現得令人困擾、疑惑，甚至心碎。資優孩子的學術能力並不總是伴隨著發展良好的社交和情緒技能。接下來的例子將會討論這個問題。

珍妮

六歲的珍妮是她的老師所見過最資優的學生之一。雖然珍妮只有一年級，她已經擁有令人驚異的認知能力——她認識許多艱深的字詞，說話的用語也經常像成人一般。她極度渴望用寫作來表達她的想法，但是她的動作技巧並不足以成功的操作紙筆。她非常的沮喪進而給自己更多的壓力，最後甚至導致自己在握筆時顯得更加困難。學習的過程對她來說如此辛苦，以至於她的姿勢變得緊張，她的手變得像爪子一般僵硬，她的身體開始發抖。有時候看起來就好

像她試著要用念力彎曲鉛筆一般。

　　當珍妮無法在寫作上表現完美時，她會啜泣。她的哭泣讓她變成笑話，並害她被同學嘲笑。「看看珍妮，就像個小嬰兒一樣。」這句話被同學們一再重複。珍妮的生活非常難過，她所表現出的不同步的發展——就是她的智力、情緒和身體的技能發展不一致——是她的老師遇過最極端的一個。

　　珍妮的媽媽因為女兒的挫折和情緒爆發所表現的緊張感到既憂慮又害怕，她也擔心珍妮的心理健康。必須要想個辦法解決。因此珍妮、她的老師和她的母親一起想出一個辦法，這是她們三個人之間的秘密。老師在珍妮的鉛筆上綁上一條金屬線並且輕握住她的手，使她的鉛筆和紙成垂直以便於寫字，如此她的手就不會握成拳頭，也不會將鉛筆握得太緊以至於不能寫字。珍妮在家裡練習這個策略。她也用電腦打字，這個方法可以讓她快速地將她的想法呈現出來，減輕她因為無法寫字而產生的挫折感。

　　珍妮將運用紙筆的技巧視為重點。她非常努力，因此很快地學會運用紙筆所需要的肌肉控制。當她能夠成功地操縱寫作工具時，她情緒爆發的頻率跟著減少了。她仍舊是一個有特殊學業需求的特殊孩子，但是她的情緒變得更容易控制了，這樣的情況讓她有更多的時間學習和玩耍。

　　珍妮的故事清楚的告訴我們不同步的發展如何影響一個孩子的智力和社交生活。珍妮現在四年級，她的社交能力已經追上她的智能了。

富蘭克林

　　富蘭克林是一個國中二年級的資優學生。有一天他對著他的老師吼叫並咒罵。這並不是一個故意、計畫好的事件。他只是對同學不成熟和孩子氣的行為感到極度沮喪，對課堂討論缺乏深度極度沮喪，對他認為無意義、淺薄的家庭作業極度沮喪。當他下課換教室時，一位要求富蘭克林做他認為浪費時間的作業的老師對他說：「嗨，富蘭克，你什麼時候要交歷史作業？」

　　在那時，討厭別人稱他富蘭克的富蘭克林突然地抓狂。他丟擲他的課本和筆記，並用言語辱罵他的老師。他那極度不合宜與辱罵的言語引來了大家的圍觀。

　　當然，這樣的爆發並不容接受。富蘭克林必須面對後果。老師和行政人員翻閱富蘭克林的紀錄和他家庭提供的支持型態。所見的都是正面的。富蘭克林從來沒有紀律上的問題。他的成績非常優秀。他參加額外的課程活動。他的父母支持任何幫助富蘭克林避免將來發生類似行為的介入。學校人員並不視這次事件為更多失序行為的開端，但是很自然地，他們關切這次事件。

　　富蘭克林是一個與眾不同的學生，就像那些有嚴重學習和行為問題的學生一樣特別。他的資優資源教師對待他的方式就像特殊教育教師對待那些有特殊需求的學生一樣。這個資優資源教師和他的導師談過並說服他停止對富蘭克林的懷疑。接著，富蘭克林的父母

和學校行政人員想出一個計畫，提供合宜的紀律和後果。父母得到富蘭克林所尊敬的一位老師的協助。這個團隊並一起努力使富蘭克林不脫軌。

富蘭克林的情緒爆發並不是反社會行為形式中的一種，而是一整天的沮喪、沒有成就感、疑惑和無法控制生活中所發生的事情所產生的結果。當成人遇到這種狀況，他們通常會避免對老闆咒罵或對著廚房的牆壁丟碗盤。然而富蘭克林才剛滿十二歲，並未學會所有因應壓力和沮喪的行為。他的社會及情緒技巧，尤其是判斷力，遠落後於他的智力。

富蘭克林現在就讀高中一年級，他在當地的大學修習兩門課程。這種類型的爆發不再發生，不過他先前發生的事件是低挫折忍受力的資優兒童典型。

蘿莎

就如同許多資優孩子一般，八歲的蘿莎是個頗具好奇心的孩子。她特別喜歡在家附近尋找動物屍骨，尤其是頭蓋骨。她會帶回家研究。她的父母對她著迷於屍體這件事感到害怕，並且非常擔心這可能是虐待動物、巫術，或是更糟的行為的前兆。幸好她的老師協助父母了解蘿莎並不是對傷害動物有興趣。她忙於分析頭蓋骨並試著了解這些松鼠和臭鼬發生了什麼事。

今年，蘿莎已是一位專注於研究的醫師。從童年開始，她的未

來職業就已隱約可見，而她並不是少數。許多資優兒童在年紀非常小的時候，就已經發現自己特別有興趣的領域了。

傑莫

　　傑莫是個六年級的小惡霸，經常拿別的同學和自己比較，並嘲笑他們：「我一年級就已經讀過那個了」或是「我早就知道這該怎麼做」。他在教室中亂跑，推擠其他的同學，看起來就像是一個失控的小孩。

　　傑莫是一個棘手的案例，一直到他的父母和老師開始了解讓他情緒爆發的原因，並且發現如何調整和重整他的精力。傑莫並不喜歡主宰全班同學並挑剔每件事。他只是不知道該如何正確應用他的精力，再加上他並沒有得到良好的學習方式，於是他錯用了自己的精力。想當然爾，他的老師不喜歡他的行為，其實在內心深處，傑莫也是。

　　他的老師發現傑莫特別擅長任何與金錢和經濟有關的事物，所以當資優課程中有一個讓學生經營自己事業的模擬活動時，老師讓傑莫擔任公司的財務人員。傑莫的父親恰巧是一家中型公司的財務主管，為傑莫發展了一些他在工作中曾運用過的金流預測方案。這些圖表和投影片讓這位年輕的財務訓練員覺得很有意義，而且他在班上也不再格格不入了。

　　傑莫現在就讀高中，他選修了一些有挑戰性的大學先修課程

（Advanced Placement courses），他也不再吹噓自己的聰明才智。他之前的吹噓只是試圖要在學業上得到他需要的注意，卻有些適得其反，而且像其他同學所說的，他所認為的適當行為和其他人認為的並不一樣。

席菈

十六歲的席菈在家裡常常大力甩門。對席菈而言，她父母做的每件事都是錯的，說的每句話都很愚蠢，她最常掛在嘴邊的一個詞就是「討厭」，她常說：「我討厭這個家，我也討厭你們。」

席菈覺得隱私權對她來說是最重要的。她的房間是她的聖殿。有一天，在一次與父母大聲的爭論之後，席菈跺著腳進了房間並用力甩上房門。她的父母在事先準備好的情況下，抽出了固定房門的門閂。

在席菈嚇呆了的凝視下，她的父親抬起了房門搬到客廳。他冷靜平和的說：「席菈，在你學會進房門不大力甩門，不驚擾全家人之前，你失去擁有門的權利。當你學會以我們應得的尊重對待我們時，你就可以拿回你的門和你應得的隱私權。」

在當時，席菈雖然氣極了，但最後仍拿回她的門。現在她已成年，也在五年內拿到兩個大學學位，最近還得到了一個化學工程師的工作。

席菈在青少年時期對父母的叛逆行為是資優孩子一個常見的副

產品——批判主義。她傾向於用近乎不可能達到的標準來衡量別人，又在別人未達標準時責難他們。對資優孩子的老師、朋友、社交圈，甚至是父母來說，他們是最嚴厲的裁判。要知道，青少年時期是和父母分離而邁向成人的一個困難卻必要的轉變時期。像席菈這樣的資優青少年，既和父母分離，又同時對她所認為父母的「錯誤」抱持高度的批判，如此一來，親子之間的關係可能變得緊張甚至不愉快。

　　上述的例子告訴我們，資優並不代表全然美好，有時候它令人迷惑和一團混亂。當然，資優孩子的行為常令人振奮又喜歡，但是有時候他可能會顯得固執、過分情緒化，甚至像個小麻煩。在不同的年齡和發展階段，同一個資優孩子可能是依賴、愛哭和退縮的，也可能是難控制、好鬥和反抗的。

雙重特殊資優兒童

　　有些家長和教師不了解障礙兒童也有資優的可能，也就是雙重特殊（twice-exceptional）。一個視障兒童可能學習的很快且展現超人的記憶力和發展良好的口語技巧。一個聽障兒童可能閱讀的很快並以十分有效率的方式思考。身障或情障兒童可能有高階的思考技巧和問題解決能力，以及高創造力。

有特定學習障礙像是閱讀障礙（dyslexia）的孩子可能同時知道很多字彙，有豐富的想像力和超齡的理解能力[6]。然而，這樣的孩子常常低估自己，因為他們總是看到自己的弱點，而忽略了優點。

如果父母懷疑自己的障礙孩子可能同時伴隨著資優，或自己的資優孩子可能同時伴隨著學習障礙，向心理學家要求做測驗以尋求更多的資訊相當重要。障礙可能掩蓋了孩子的資優，相對的，資優也可能隱藏住孩子的障礙。

一位與聽障兒童工作的特殊教育資源教師描述一個在正規班級的國小二年級學生。這個學生在數學上的表現很輕易的就超越同儕，但在閱讀上的表現卻只能勉強達到要求。雖然如此，他的級任老師仍覺得已經足夠了，因為他的表現只稍低於年級水準。

然而這個孩子的資源教師卻認為他的能力不僅於此，所以她建議為他的閱讀問題做進一步的測驗。測驗的結果證實了她的懷疑。這孩子在閱讀手寫的字上有困難。一旦診斷出來之後，他接受了額外的幫助，他現在不但數學能力優異，閱讀能力也比一般人高出許多。

「我認為每位老師都希望自己的學生能成功，因此當你發現自己的學生可能和別的孩子不同時，你就會想要幫忙。」這位老師說，「有時你必須多努力一點才能看出孩子真正需要的是什麼。我就是

---

6 Willard-Holt, C. (1999). *Dual exceptionalities.* ERIC EC Digest (E574). Reston, VA: The Council for Exceptional Children.

對這孩子有感覺，他很特別。」

　　這個故事告訴我們一個重要的線索：如果老師或父母發現孩子在學校各科的表現有很大的差異——舉例來說，在數學和閱讀這兩項表現差異極大——也許是他在表現較差的領域有學習的障礙。這時就需要進一步的測試。然而，學習障礙並不是這樣不一致表現的唯一原因。資優孩子可能就因為不喜歡他的老師，因為學校作業和父母抗爭，或是因為其他情緒問題，而在班上表現不佳。

　　對家長和教師來說，去了解有明顯障礙的孩子可能也有潛力達到資優孩子才有的超凡表現是很重要的。資優的天賦不可能會減低，但是孩子必須學習去抵銷障礙的程度。舉例來說，如果是有學習障礙的孩子，他可以藉由在課堂上錄音來幫助他記住重點或是用電腦打字來補償他的障礙。父母和老師們也必須了解，即使是資優的孩子也可能有一些輕微的學習障礙。這些可能會、也可能不會影響孩子的整體表現，然而當孩子進入國高中就讀時，因為課程變得比較困難，這樣的障礙也可能會造成更多的問題。

等待資優

瑪西

　　十二個月大的瑪西是個安靜的嬰兒，她從沒有說出任何一個可

辨識的字。有一天，瑪西的母親因為要去購物而把瑪西抱進車子裡，準備帶著她一起去。母親發動車子並開上了高速公路。當這對母女在等紅燈時，一個很小很輕的聲音響起：「打開收音機。」這個嚇了一跳的母親轉過身去看誰在說話。她在想是不是有人趁紅燈的時候爬進後座。然而瑪西是後座唯一的乘客，而且她在母親打開收音機時微笑了。

雖然因為瑪西的年紀很小而使得她的例子很不尋常，語言能力卻是資優表現中最平常的一項特徵。許多有資優孩子的父母宣稱他們的孩子擁有超出同齡孩子的語言能力和概念表達能力。

麥麗

麥麗三歲時和母親搭飛機去拜訪她的祖父母。在機場時，麥麗看到牆壁上一幅有複雜線條和圓圈的掛毯，她在掛毯上用手指摹畫那些設計。後來在飛機上麥麗向母親要了蠟筆畫畫。當麥麗在作畫時，她的母親發現她並非像一般三歲孩子一樣隨意的塗鴉，相反的，她用一整張紙煞費苦心的重製那幅在機場大廳引起她好奇心的掛毯。即使仍在唸幼稚園，麥麗展現了一個資優兒童特有的記憶力和專注力。

昆西

昆西目前在唸小學二年級。他的老師和學校的輔導員都相信他有注意力缺陷症，因為他常常神遊四方。他們建議昆西的父母去看醫生以評估是否有藥方可以改善他在課堂上的注意力問題。昆西的老師告訴昆西的母親他希望能在學年結束以前讓昆西能在課堂上表現得像其他孩子一樣。

昆西的班上目前正在學習認識月曆──這是他幼稚園就已經會的事。有一天，他和他母親討論到這件事，他說：「媽，你知道嗎，如果你隨便從月曆上挑一個數字，然後把這個數字兩邊的數字相加再除以二，得到的數字就是你最先挑的那個數字。」

哇！難怪昆西的老師覺得他沒辦法集中注意力。在心智上，他把他的同學遠遠地拋在後面。他覺得沒有挑戰性、無聊和不安。然而，在接受測驗並被安置到一個為資優兒童所開設的課程中之後，藥物治療的需要就再也沒有被提起了。

昆西對數學的熱愛持續著。當他在國中修了一堂古代歷史的課，他盡可能的研究了所有古埃及和古希臘的數字系統，並學會寫這兩種語言中的數字。他用算盤來了解這些古代數學系統背後的邏輯。很快的，他編寫了自創的邏輯問題，並拿來測驗他的同學。

資優兒童的興趣通常可以持續很長一段時間。昆西對數學的熱情不減驗證了這個模式。

傑克

當傑克轉到資優班時他八歲，正在唸小學三年級。測驗當天他很早就到了，臉上表現出堅定的決心。在測驗中他非常專注和緊張。他比其他同學早交卷的多，拿著測驗題目和答案紙來到老師的桌前。

他說：「我知道這個測驗的目的是要測量我們如何思考問題，但是我也試著解出正確的答案。在答案紙上沒有地方可以寫，所以我把他們寫在邊邊。」雖然傑克並沒有被要求解出數學題的答案，然而他在這個測試六年級的題目中只錯了兩題。

在資優學生的世界裡，像傑克這樣的高度精力、渴切和熱情每天都看得到。事實上，他們如此熱切學習的心也是為什麼教授他們令人愉悅的原因。

上述這些個案故事並非特例。資優孩子的教師聽過太多擁有特殊能力的故事——通常是伴隨著超齡的發展。父母也很常提到在七個月大就走得很穩的孩子，兩三歲就識字的孩子，以及在五六歲就會做十位數甚至百位數算數的孩子。

然而，這些個案故事也顯示出這些特殊孩子和其他孩子有多麼不同。我們很難對資優兒童一概而論，但是有幾個重點是我們應該要知道的。

首先，資優兒童是兒童。因為這些孩子的資優，父母、教師和

其他的大人可能會視他們為小大人。他們容易因為看起來早熟，就被認為心智成熟。然而並非如此，他們生存在這個星球的時間並不長，他們的生命經驗很少，也不比同齡的孩子能負更多的責任。誠然，他們在思考和語言表達上可能比他們的父母、手足和朋友都來得好，但是他們的情緒發展通常遠落後於他們的智力，而且他們仍然像所有孩子一樣都需要指導、規則、行為準則、限制和界線，以感覺安全和被關心。

　　其次，智力資優孩子是卓越、傑出的思考者。他們的認知能力遠超過一般人；他們的思考和理解分析能力至少超前同齡兒童兩年、四年，甚至更多。因此，能夠在家裡和學校得到符合他們興趣和能力的教材、課程、經驗和討論是很重要的。同樣的，能夠讓他們以自己獨特的方式思考，而不是被強迫像其他孩子一樣，做每件事都要符合規定和次序，也是很重要的。資優孩子十分獨特，而他們的特別也需要在課堂中和家中得到支持。

第二章

我的孩子資優嗎——
或只是聰明而已？

現在的小孩比以前聰明嗎？

現代的父母和上一代比起來，更容易取得嬰幼兒發展的資訊。因為如此，孩子們成為資優父母的優良產品。從一出生開始，父母就想盡辦法讓自己的孩子變聰明，不論是從和孩子的談話、給孩子閱讀的讀物，或是讓他們玩的遊戲，像是書、遊戲、拼圖、電腦學習工具、音樂和各式器材。他們的孩子一定看過各式的教育性電視節目。當這些孩子進入幼稚園的時候，他們就已經能夠分辨不同的形狀和顏色，知道相似和相反的概

念，也會讀一些字和數字。他們參觀過動物園、科學館，看過電影，也去過雜貨店幫忙買東西。他們有過在外用餐的經驗，可能速食店和高級餐廳都去過。他們的父母也許曾帶他們去欣賞過舞蹈或音樂表演，也看過業餘和職業的運動比賽。他們或者很喜歡參加教會活動、社區舉辦的野餐郊遊和節慶活動。以上所有的活動都讓孩子有話題可聊，有東西可學。

這些小小孩中有一些上過兼顧建立自尊和學習的學前班或托兒所。在他們的經驗裡，他們遇到過很多種障礙兒童，所以手語和輪椅這些輔助工具對他們來說並不陌生。也有些尚未入學的小孩住在一個大家庭中，家中的成員可能有親戚和父母的朋友，這樣的經驗充實了他們的生活，也為他們在入學前做好準備。

他們的健康也有人照顧。他們規律的看小兒科醫生或是一般醫療照護診所。由於大部分的學校會要求學生家長重視學生的健康，他們也會按時注射預防針。他們攝取有營養的食物，做很多運動，作息正常。而以上所有都有助於學習。

雖然中產階級的兒童越來越容易取得更多元的機會，然而缺乏金錢並不表示缺乏機會。對於低收入的家庭來說，得到一些優勢也許比較困難，但也是有可能的，事實上很多家庭做到了。一個曾待過都市和郊區兩種學校的校長這麼說：

「有時候你必須去要求你所需要的。誠實一點吧！錢讓一切都比較容易，但是仍然有一些方法可以讓家長得到他們孩子所需要的東西。

公立圖書館是免費的，家長可以在那裡找到各式各樣的書和資源。所以如果家裡沒有錢買電腦，而家長認為要充實孩子的知識需要現代科技的輔助，他們就可以帶孩子到公立圖書館。圖書館員對家長的幫助也很大，他們可以介紹一些關於資優孩子的書籍，讓家長更了解他們資優孩子的特殊需求。圖書館員也可以幫助資優孩子發現一些主題、作者和資源，來協助他們擴展自己的心智。

　　協助孩子得到更豐富的知識有可能很困難。很多住在都會區的父母兼了兩三個工作以求糊口；大人自己也需要充實，這時老師就可以幫忙。如果他們發現某個孩子很有潛力，他們可以帶領孩子和他們的父母一起尋求社區的資源。教師可以直接和社區文化的領導人談，是否可以提供這些家庭音樂會、戲劇、舞蹈表演的免費入場券，這些票價通常是這些家庭負擔不起的。」

☰ 充實的生活能夠造就資優孩子嗎？

　　以各種方式充實生活經驗的孩子到了學校學習之後，通常在低年級的階段表現傑出。他們聰明、急切、社會適應良好──這是大眾（也是一些家長和老師）對資優孩子的想法。但是如果成人觀察這些孩子一段時間，他們可能發現到了三或四年級，有些孩子的表現「大不如前」（level out）──意思是說他們的表現如同大部分的同年級同學。他們仍舊十分聰明，但是現在他們的智力正被更複雜

的課程所挑戰。雖然他們在幼稚園和一年級有資優的表現，但是事實證明他們只是擁有豐富幼兒期的聰明孩子，而這樣的孩子在一般的課堂中會表現傑出。

　　資優孩子的情形就很不同了。雖然這些孩子可能沒有像一些資源豐富的家庭一樣擁有特別的機會，他們可能也受到非常細心和有愛心的照顧。只要資優孩子有合理的機會去探索、思考和創造，甚至只要一點點的刺激，他們的資優天賦就會茁壯成長。他們的天賦就像是在基因中就已經存在──打從他們一出生就帶有的潛力。當然，這樣的天賦需要他們的父母和其他人的滋養和鼓勵，但是它原本就存在了。

　　提供孩子更多樣化的學習機會的確可以幫助發掘資優孩子。舉例來說，一群幼兒去參觀博物館的恐龍展，所有的孩子都對恐龍的骨骼感到驚異，然而資優孩子會脫口說出「雷龍一定是草食性動物，因為牠的脖子很長，就像現在的長頸鹿一樣」的話。資優孩子能夠看出一般孩子無法立即看出的關係，並能加以連結。資優孩子能夠持續的快速吸收資訊，並且渴切知道更多──這樣的渴切可能是發現資優最早的指標之一。

　　不管我們做了什麼或沒做什麼，資優孩子還是以同樣的方式學習──就像呼吸一樣自然。我們所給予他們的任何挑戰性課程、角色楷模和各種的可能，實際上並沒有教給他們很多東西。資優孩子通常是自動的學習者，他們學會的很多東西常常是靠他們自己學會的。然而，他們還是需要父母和老師的引導，尤其是他們的智力發

展常常超過他們的判斷力。

　　即使有這些天賦，這些特別聰明的孩子到了學校也可能更想要爭論和挑戰，而非學習。雖然的確有些孩子能和其他同學相處融洽，但是無法和同學好好相處的亦比比皆是，他們和同學就是會有一些適應上的不一致。他們可能會想要組織其他的同學去玩有複雜規則的遊戲。他們可能會質疑別人並大聲說出和別人不同的看法，甚至糾正他們。老師可能會因此覺得這些孩子不尊重別人、不合群，並且把原因歸結為這些孩子被寵壞或是不禮貌，而非資優。

　　就像是一個做事努力而表現很好的聰明孩子可能會被誤認為資優孩子，一個真正的資優孩子也可能會被標籤成麻煩製造者、討厭鬼、班上的害群之馬，或甚至被懷疑有注意力缺陷過動症（ADHD）。聰明孩子被誤認的結果可能是進入資優班，資優孩子則是校長室，而這兩個地方都不屬於他們。

　　當然，不是每個無理、有侵略性、有表現慾的孩子都是資優孩子；很多資優孩子是有耐心、有禮貌、個性溫和，並且熱於助人的。父母和老師必須要不停地觀察孩子以了解孩子的情況。

　　聰明孩子的思考能力可能比上一代更強，這只是因為他們在很小的時候就開始接受大量的資訊並且有更多不同的經驗。但是聰明的孩子可能會被資優課程的嚴格和要求所擊倒，資優的孩子在這種創造性和挑戰性大的環境中卻感到如魚得水。事實上，如果他們不能得到在智力上和社會成長上所需要的刺激，有些資優的孩子便會偽裝自己，並且隱藏他們的能力，或是讓他們的天賦枯萎甚至死亡。

不同的資優孩子，不同的天賦

資優孩子所擁有的共同點就是他們在很多領域中都有著極高的潛力。但是資優有很多種，而且資優孩子之間的不同遠超過他們和一般智力的同學之間的差異。有些人專長於科學和數學，有些人則是出色的詩人。有些人很沒有組織，總是同時想了很多計畫卻都沒有實踐；有些人則是既有組織又有系統，同一個時間只能想一件事，直到完成為止。有些人十分外向；有些人則既內向又孤僻，需要時間坐下來思考。有些人精力過盛以至於不能好好的坐著；有些人則非常專注於一件事到需要有人把他們從椅子上挖起來。有些人能夠自我激勵，不做到完美不罷休；其他人呢，可能是因為對別人所期待自己能夠達到的高標準感到害怕，以至於他們的成就總是低於自己能夠達到的。有些人對於規則和對錯非常重視，其他人則像是班上的小丑一樣，利用自己的天賦活絡氣氛。

他們的學習風格包羅萬象。「視覺學習者」（visual learners）藉由閱讀、看錄影帶、海報可以達到最好的學習效果。「聽覺學習者」（auditory learners）藉由聽來吸收資訊；這些孩子很喜歡演講、討論和問答時間。「動覺學習者」（kinesthetic learners）則是在被允許用手操作出他們的創意和概念時表現得最好。

在同一間教室遭遇不同學習風格的學生對教師而言是一種挑戰，

然而好老師們每天都面臨這些挑戰。假設一個三年級的班級正在學習有關太陽系的知識。老師可能先放錄影帶給學生看，接著讓他們討論太空。如此照顧到了視覺學習者和聽覺學習者。討論結束之後，教師將學生們分成幾個小組，每一組使用他們討論過的行星體積、地形測量學、大氣和獨特的特徵來製作行星的模型。雖然所有的學生都能藉由這個親手操作的活動中學習，動覺學習者會是其中的最大受益者。

辨認聰明或是資優的方法

聰明孩子？資優孩子？聰明孩子看起來像資優孩子。資優孩子可能會有學習障礙或是隱藏他們的天賦。這整件事看起來像個謎團，但是仍有一些特質能夠幫助你辨認孩子到底是聰明還是資優，並且從豐富的教學環境中受益。當你閱讀以下特質時要記住，不是每個資優孩子都會表現出每種特質。

協助*資優孩子*展翅高飛!家長與教師實用教養指南

| 學習速度和概念的應用 ||
聰明的孩子	資優孩子
以一種聚斂和線性的方式學習,在抓住概念之前只能累積事實	擴散和/或快速的思考。在十個步驟的解題過程中,他們可能直接從步驟二到步驟十,因為當他們完成第二個步驟時,他們已經知道如何解題了
從練習和重複中學習,並且不會對死記硬背的學習失去耐心	以獨特的方式處理資訊。他們可能以「反向工程」(reverse engineering)來解決問題——意思是說,他們靠直覺獲得答案,然後再回過頭來依照必要的步驟達到最初的問題
能夠遵守規則	不喜歡訓練和死記硬背的學習,因為他們在第一次或第二次的學習時就已經學會他們應該學會的
接受和理解在課堂中所呈現的資訊	比較喜歡尋找新的方法去解決問題,但如果需要的話能夠遵守規則
	融合課堂呈現的資訊並將其應用在新的狀況中

問問題的風格	
聰明的孩子	資優孩子
問有答案的問題	問的問題是沒有簡單答案的抽象概念或理論
試著去蒐集跟目前任務有關的事實	樂於找出關係、因果，並預測新的可能性
比較喜歡事實呈現在一個他們可以遵循的脈絡中	喜歡複雜性，有時可以接受問題的答案是模稜兩可的
可能會問同一個問題不只一次	可能會問同一個問題不只一次，但是很少會以同一種方式問

情緒表現	
聰明的孩子	資優孩子
會表現情緒，但是大體來說容易從令人沮喪的事件中平復。他們通常能夠清楚地表達出困擾他們的原因，並能自由地談論他們的情緒	經歷較強烈的情緒，有時甚至會妨礙他們在其他方面的思考或工作。他們很熱情，也以深刻的方式感受。有時候他們非常有同理心，但他們可能會隱藏這樣的感受，或是害怕去表達自己的情緒
了解關係會有高低起伏。他們會和朋友做激烈的爭論，但是仍然不影響彼此的交情	在關係中投入感情很深，當這段關係受到意見不一、認知錯誤，或是朋友的背叛而困擾時，他們會極度心煩意亂

當資優兒童被問到感覺如何時，個性比較壓抑的他們常會回答「很好」，即使他們外在的行為已經明顯表現出他們「不好」。他們比一般兒童更會隱藏情緒。

資優兒童習慣隱藏情緒的原因是因為他們害怕讓別人知道他們心裡在想什麼。他們的感情太過激烈，以至於他們會擔心自己是否「正常」。他們的感覺就好像把整個海洋裝進一個瓶子裡，他們會擔心如果把瓶蓋打開，自己會被海浪淹沒──就好像當他們開始發洩情緒，就再也停不下來了。他們害怕失去控制，所以資優兒童最需要的是自我控制和歸屬感。所以他們盡可能的保持一般和平常，並且說父母想要聽的話。大部分的時間，他們都知道大人希望他們說什麼。

和朋友之間的情誼也可能會是個問題。資優兒童會在深思熟慮之後很信賴一個朋友，這也就是為什麼在友誼破裂時，他之前和那個朋友分享的所有情緒都沒了出口。他可能會十分悲傷，甚至對父母表現出極度的憤怒。

興趣的層次	
聰明的孩子	資優孩子
會問問題並且對一些事情顯得好奇	幾乎對所有的事情都表現出極度的好奇，或是常常沉浸在自己有興趣的領域中

（下頁續）

（續上頁）

完成被指派的作業	對作業十分投入，但可能不會準時完成，因為他們變得太全神貫注或是被作業中的某個部分轉移注意力。他們可能會太著迷於一個特定的主題以至於忽略了其他的部分
十分努力並有活力	對他們感興趣的領域表現出極大的活力和熱情，甚至會開始夢想自己的作業和計畫
努力去取悅別人	需要極少的指導和建議

語言能力	
聰明的孩子	資優孩子
很容易學得新字彙，但是會使用代表他們年齡的字詞	使用大量和進階的詞彙，理解他人覺察不到的語言上的細微差別，樂於玩文字遊戲和雙關語，常常說出同伴們無法理解的話（有時甚至連大人都不能理解）
能夠在對話中輪流發言，因為他們的心智能夠理解和他人關係中的接受和給予	因為他們的點子源源不絕，所以不管是在家或在學校都能夠掌控對話，即使有許多安靜的資優兒童需要靠別人鼓勵才會分享他們的想法
了解語言結構，並可藉由練習學得新語言	很快就可以學會語言技巧。資優的新移民學生通常比其他學生更快學會新語言，有時甚至只要兩個月

對公平的關切	
聰明的孩子	資優孩子
能夠對什麼是公平的表達出堅定的意見，不過這些意見通常是和個人的處境有關，比如說：「他碗裡的稀飯比我的多。」	對於公正和平等表達出更深的關切，看待的角度也更具有世界觀。他們能夠掌握住複雜道德和倫理問題的幽微處，包括與戰爭和環境有關的議題；他們也會用熱情和令人信服的力量來捍衛他們的觀點
了解事物公平與否的理由	會強調和爭論一個狀況是否公平

　　一個資優的五年級學生熱切的為一位幫助別人自殺的醫生辯論，「病人絕對有權利決定自己的命運。」她說。另一個六年級學生在談論小學的資優課程時也是相當有說服力，「讓我們可以有些時間和其他跟我們一樣的人相處，」她說，「對我們的心理發展很重要。」這些哲學性的論述並不像是一個十一、二歲的小孩會說的話。

　　但是對倫理道德有心智上超前的理解並不表示資優孩子在日常生活的活動中會比同儕更有道德。他們仍然是孩子，也會像其他的孩子一樣撒點小謊、逃避責任，通常更聰明和有創造力。這樣的不同有以下的原因：

- 孩子的經驗趕不上他的智力發展。他們還不夠成熟到了解關心道德議題必須化為具體的行動。

- 就像別人一樣，資優孩子希望被喜歡，希望有朋友。他們厭

倦了站出來成為少數。當他們長成青少年時，被同儕接納的需求變得十分強烈，他們可能因此不再堅守自己的道德標準，以求在更大的群體中一個和同伴相同的位置。

舉例來說，一個不喜歡重金屬音樂和演唱會中瘋狂行為的學生可能仍舊會參加搖滾樂會，並且沉迷於像是快節奏狂舞（moshing，譯註：此種舞步要猛烈的跳，並且大力的碰撞身體和頭）這樣近乎危險的行為，只是為了成為這樣一個特定的同儕團體的一分子。

自我形象	
聰明的孩子	資優孩子
和同儕分享興趣並適合學校生活，他們通常會認為別人喜歡他們，也因此發展出較高的自尊	通常有高自尊，但是有些人可能會和其他人不一樣，可能不適合學校生活，也因此發展出低自尊
努力達成目標，並樂在其中	對他們的表現不滿意，因為「還有好多事要做」或是「我就是做的不對」
很少擔心不夠完美	會十分自我挑剔和完美主義

茱蒂絲是個小學生，成功的在一大群家長和學生面前朗誦許多複雜的詩。她在姿勢、時間和詮釋上都表現得非常好。有一次在看完她表演的錄影帶後，她卻很不好意思的說：「喔！我的臉真紅！」她把焦點放在一件她認為「不好的」表現上，卻無視於整體表現的

精采。她真的認為她的表現很差。

以上的表格說明了，雖然聰明的孩子和資優孩子都喜歡學習、努力工作，並重視友誼，資優孩子在這些特質的表現上卻更強烈。

在確認一個孩子是否資優時，去判斷他們所擁有的一些特定的特質到何種程度是很重要的。聰明的孩子和資優孩子的差別通常就在這些特質的深度和強度。舉例來說，幾乎每個小孩都很有好奇心。聰明孩子的好奇心可能比一般孩子來得強，可是資優孩子通常在各方面都很有好奇心。他們的好奇心在程度上也比較深且強烈。

語言也許是可以辨認的一項特質。當聰明的孩子可以聰明的對話時，資優孩子可以像成人一樣的談話和理解。資優孩子可以迅速的理解語言，並且可以比其他孩子更有效的運用它。

這種強度（intensity）——有時候被認為是「過度興奮」——對父母和教師來說是辨認孩子是否資優的一個重要線索。接下來，這孩子可能會接受測驗來更精確的了解其資優的程度和類型，但一開始要先注意強度。

如果你的孩子只是聰明，而非資優，有些專家會認為你其實滿幸運的。Leta Hollingworth，一個在資優教育領域的著名拓荒者，曾經描述過「理想智力」的概念。她認為「理想智力」的智力商數（IQ）介於120到145之間。就像James Webb，臨床心理學家和《引導資優兒童：教師和父母的實用資源》（*Guiding the Gifted Child: A Practical Source for Parents and Teachers*）[7] 一書的作者常常告訴家長：「理想智力」的下限並不屬於資優的範圍。在大部分的學校裡，

資優的標準從智商 130 開始，最高可以超過智商 200。好消息是憑藉著理想智力，你的孩子在任何事上都無往不利，壞消息是你得開始存孩子進大學的學費。

　　如果你的孩子在接受心理測驗和智力測驗之後被評定為資優，你可能會十分高興，但同時要準備好面對養育和管教一個極有挑戰性的孩子會帶來的所有高低起伏。閱讀和學習關於資優孩子在學術上、社會上和情感上的特質和需求，然後準備接受像雲霄飛車般的起伏。

　　資優孩子的父母和教師最適合做他們的代言人。作為他們的代言人並不容易，因為社會上的許多人都不了解資優孩子的特別需求。對資優孩子不了解的人可能會妄作判斷和批評。當資優孩子感到困惑、無助和害怕時，他們需要大人的支持。

　　如果你需要專業協助來了解你的孩子，千萬不要遲疑。和當地的相關組織聯絡來找到正確的資源。在本書末的附錄可以找到許多組織和資源。雖然資優孩子的父母或是教師可以改變這個孩子的一生，這些成人仍然需要協助和建議。從不同的專業尋求協助、和其他的父母或老師談談，或是幫你的孩子找一個額外的指導者並不代表你是無能的父母。這些行動表示你是一個關心怎麼做對這個特別孩子最好的成人。

7　Webb, J. T., Meckstroth, E. A., & Tolan, S. S. (1982). *Guiding the gifted child: A practical source for parents and teachers.* Dayton, OH: Ohio Psychology Press (now Gifted Psychology Press).

第2篇

和他的學校
你的資優孩子

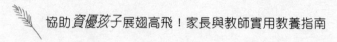

第三章

測驗和篩選：
學校如何鑑定資優

如果你在觀察孩子一段時間之後，覺得他可能是資優孩子，你就會開始一趟充滿緊張刺激、高潮迭起的旅程。一位母親分享她的孩子被小兒科醫師「診斷」為資優的經驗。醫師告訴父母他們要在兒子小學和中學的階段做他的代言人，他說：「學校不是為了像你們兒子那樣的孩子設計的，社會也不能給他什麼，至少在他比較大以前。」

這個醫生說的是對的，也是錯的。在一些學校裡，行政人員和教師都認為適當的教育所有的孩子並給予資優學生必要的調整教學是重要的。然而也有一些學校認為應該給予學生正規課程，一切都要按部就班，只有極少的調整教學，甚至沒有。

這也就是為什麼在美國許多地方，父母會奔走於爭取立法來要求學校特別給予資優學生注意，就像他們對於障礙學生所做的一樣。不管在你的學區情形是如何，如果你是資優兒童的父母，你就必須積極地和學校的教師、諮商員和行政人員這些和教育最相關的人士多接觸。

為了盡可能提供孩子最好的學習環境，你必須努力去了解和欣賞孩子的教師的觀點，因為從孩子被鑑定為資優一直到他進大學，你都必須和各式各樣的教師溝通和共事。

親師之間的夥伴關係通常開始於討論孩子的能力和表現，接下來是一連串試驗的過程。通常父母、教師，或兩者都會注意到孩子證明了一些特別的能力，並且覺得調查特殊教育的需求可能是必要的。

依照學校的規定，家長、教師和一些在日常生活會和孩子互動的成人，或是孩子自己，都是提名他們參加資優課程的人選。

如果父母想要提名自己的孩子進入資優班，你和他的老師所說的話就十分重要。協同取向（collaborative approach）是最有用的一種。衝進教室並揮舞著一篇關於資優的文章或是測驗的成績，說：「我的孩子比這間教室裡的任何一個小孩都聰明，你打算怎麼做？」並不是個好主意。和學校老師分享特定的觀察會好的多。你可以說：「我注意到有關賈奎的一些事讓我覺得他在學業上的表現可能和一般人不一樣。早在小學一年級的時候，他就已經看完一系列的童書了；像他現在才二年級，他的閱讀和理解能力就已經比同年齡的孩

子好的多。有一天他問我三分之一怎麼除以八分之一，所以我想他的數學也超前了。你有發現類似的事嗎？你覺得我們該怎麼做才能確認他有繼續進步呢？」

老師可能同意也可能不同意家長對孩子能力的稱讚。如果彼此看法不同，老師和家長就應該認真傾聽彼此的觀察，並試著找出解決方案。但是即使老師衷心同意家長的看法，孩子也不會就因此進入資優班。

如果學校有資優班，孩子應該要參加一或多個測驗才有機會符合學校的標準。當然，測驗分數不代表一切。但是測驗可以提供一個客觀的標準去衡量孩子各方面的能力、潛力和表現。鑑定資優兒童的測驗有許多種類型，接下來會列出其中的一些測驗。個別測驗通常是由學校的心理學家和臨床心理師來執行，團體測驗則可以由受過訓練的教師和諮商師來執行。雖然不是所有的學校都使用測驗來鑑定資優兒童，但是稍微了解一下這些可以使用的測驗會有一些幫助。以下列出的每個測驗都附有手冊來詳細說明這個測驗。

你的孩子可以使用的測驗

能力測驗測量一般的智力，包括了語言、記憶、概念思考、數學理解能力、語言和非語言理解能力、視覺動作能力和社會智慧。介紹一些常用的能力測驗如下：

- 比西智力量表〔*Stanford-Binet Intelligence Scale*（*Binet-IV*，或 *Form L-M*）〕
- 魏氏兒童智力量表（*Wechsler Intelligence Scale for Children, WISC-III*）
- 魏氏學前及小學智力量表——修訂版（*Wechsler Preschool and Primary Scale of Intelligence-Revised, WPPSI-R*）
- 伍考克－強生認知能力測驗（*Woodcock-Johnson Tests of Cognitive Ability*）
- 高夫曼簡明智力測驗（*Kaufman Brief Intelligence Test, KBIT*）
- 奧雷學校能力測驗（*Otis-Lennon School Ability Test*）
- SRA 初級心理能力測驗（*SRA Primary Mental Abilities Test*）
- 認知能力測驗（*Cognitive Abilities Test*）
- 矩陣類比測驗（*Matrix Analogies Test*）
- 羅斯較高認知歷程測驗（*Ross Test of Higher Cognitive Processes*）

成就測驗衡量的是在各種學科領域中的技巧——也就是說學生學到什麼。以下的測驗可以用來鑑定資優學生：

- 綜合基本能力測驗（*Comprehensive Test of Basic Skills*）
- 都會成就測驗（*Metropolitan Achievement Tests*）
- SRA 成就測驗（*SRA Achievement Series*）
- 加州成就測驗（*California Achievement Test*）
- 加州基本能力測驗（*California Test of Basic Skills*）

- 伍考克－強生成就測驗（*Woodcock-Johnson Tests of Achievement*）
- 愛荷華基本能力測驗（*Iowa Tests of Basic Skills*）
- 史丹佛成就測驗（*Stanford Achievement Test*）

行為評量表提供班級導師一個機會，去了解學生和其他人互動的能力、他的學業表現、領導能力和動機。這些量表是標準化測驗的重要幫手，但是不能單單從教師所施測的測驗結果或分數就決定是否讓孩子進入資優班。

接下來是和鑑定創造力相關的檢核表或問卷，但是因為創造力有許多方面，因此只能把測驗結果當作鑑定過程的一部分。面談、說故事、教學檔案（portfolios）都應該是評量創造力的一部分。在某些案例中，專家的判斷也可以幫助發覺孩子的創造潛力。「托浪斯創造性思考測驗」就是最常用來評量創造力的測驗之一。一些創造力的競賽，像是「目標想像」（Destination ImagiNation）和「未來問題解決」（Future Problem Sovling）都提供學生展現創造力的機會[8]。

在視覺和表演藝術領域資優的孩子以一件件的藝術作品或表現展現他們的技巧，但是也有可供篩選的測驗，像是「西所音樂才能鑑定」（*Seashore Measures of Musical Talents*）和「梅耶藝術測驗」（*Meier Arts Tests*），儘管他們很少被使用。

---

[8] Piirto, J. *Understanding those who create,* pp. 118-119, 130.

「領導才能量表」（*The Leadership Skills Inventory*）可以用在國小六年級到高中三年級的學生，以了解他們在領導發展上的九種技巧的能力，包括：領導的基本原則、書寫溝通、口語溝通、特質建立、決策訂定、團體動力、問題解決、個人技巧，以及計畫技巧。然而，在教室中或教室外觀察學生所得到的效果可能比做這類的測驗來得好。

大部分的學校教育工作者認知到，是否讓一個孩子進入資優班的基礎應該是以多方面因素來篩選這孩子的能力。測驗分數是篩選的一部分，但是其他經常被考慮的因素包括：

- 教師、家長、同儕、心理學家或諮商師的提名。
- 教師對於這個學生在智力上、社會上和情緒上的表現有多傑出的報告。
- 學生的動機和喜歡的學習風格。
- 家長對孩子的分享表現出的興趣和支持。
- 學生對於學校及課外活動的價值、興趣和態度的自評表[9]。

有權利做安置推薦的人蒐集所有的資訊，不管是客觀的或是主觀的，仔細的討論並決定是否讓這個孩子進入資優班。

---

[9] Clark. *Growing up gifted*, pp. 281-285.

測驗偏差

　　當一個程序使得一個群體比另一個群體更加受惠，就可以說是有偏差。太過依賴標準化測驗作為鑑定資優兒童的準則，最大的問題是許多測驗對於英語說得很流利的孩子比較有利，尤其是那些來自特權背景的孩子。雖然我們知道資優學生來自各種社經團體，障礙學生中也可能存在著資優。測驗偏差，是指測驗結構反映了中產階級白人學生的語言和經驗，會將少數團體排除在資優班之外，而這些孩子可能是來自中下社經階級、英語說得不流利的新移民、有聽覺、語言、視覺，和／或是學習障礙。

　　在某些學區中，這個問題已經透過使用其他形式的測驗工具來解決，像是「科潤茲資優鑑定工具」（*Krantz Talent Identification Instrument*）以及托浪斯的「創造力的確實性」（*Creative Positives*）。有一些非語文測驗，像是「納格雷里非語文能力測驗」（*Naglieri Nonverbal Ability Test*）、「瑞文式圖形補充測驗」（*Raven's Progressive Matrices Test*），都不是很依賴語文能力。有些更被廣泛使用的測驗，像是「認知能力測驗」（*Cognitive Abilities Test*），符合障礙學生和英文說得不好的學生的特別需求。有些測驗，像是「萊特非語文兒童智力測驗」（*Leiter-R*）可以讓有語言和聽力障礙的學生使用。也有一些以其他語言寫成的測驗。

在美國，不同的州使用不同的測驗來鑑定資優，因此，在有些州中可用來鑑定的測驗在其他州並不適用。通常學校會有相關的資訊供需要的學生和家長使用。

測驗能夠讓你快速了解你的孩子出眾之處和平常之處。要記住——資優孩子並不是在每個領域和學科都有過人之處。身為父母，你有權要求測驗結果的解釋。

確認沒有遺漏任何一個孩子：標準化測驗之外

在美國的國家資優研究中心有一個研究小組曾確認了資優的十種核心屬性，分別是：

- 溝通技巧
- 創造力／想像力
- 探究事物的心
- 洞察
- 興趣
- 記憶
- 動機
- 問題解決
- 推理

這些專家認為除了紙筆測驗之外，許多技術都應該用來鑑定經濟相對弱勢的學生是否擁有以上的特質，可否進入資優班。除了測驗之外，他們還推薦檢核表、訪問和評量表 [10]。雖然這些推薦對弱勢學生特別有幫助，許多學區普遍使用這種類型的方式來作為進入資優班的依據。

學生作業的教學檔案（portfolio）越來越頻繁的成為鑑定程序的一部分。教學檔案收集了學生在特定一段時期中能夠表現出智力發展和成長的作業，其中包括了藝術作品、音樂、故事創作、詩作和獨立學習計畫。教學檔案讓學生展現標準化測驗通常評量不到的能力。加州資優學會（California Association for the Gifted）描述了教學檔案更進一步的好處：「他們的作品所展現的品質更加接近成人在『真實世界』中所做的一切 [11]。」專業的觀察者也可以根據從他們的教學檔案中所挑選出的創造性作品作判斷 [12]。當然，教學檔案對於評量視覺和表現藝術資優的學生也是必要的。

多因素評量（multi-factored assessment）對於一個可能被認為很

---

[10] Frasier, M. M., Hunsaker, S. L., Lee, J., Mitchell, S., Cramond, B., Garcia, J. H., Martin, D., Frank, E., & Finley, V. S. (1995). *Core attributes of giftedness: A foundation forrecognizing the gifted potential of economically disadvantaged students* (RM95210). Storrs, CT: The National Research Center on Gifted and Talented, University of Connecticut.

[11] California Association for the Gifted. (1998). *The challenge of raising your gifted child.* Mountain View, CA: California Association for the Gifted.

[12] Piirto, J. *Understanding those who create,* p. 119.

容易鑑定出來的群體特別重要——高度資優生。鑑定這些孩子可能會很困難，因為在測驗過程中，他們很容易就得到最高分。許多標準化測驗，尤其是團體測驗，很難正確測出高度資優孩子的能力，因為這些孩子的分數會達到測驗所能測試的最頂端，而那些分數並不是孩子真正的能力表現。事實上，當孩子的分數是測驗所能給的最高分時，大部分的情形是，這個測驗是不足夠的。一個智商 165 的孩子在最高只能測出智商為 150 的測驗中，所得到的分數就會是 150。如果沒有進一步的測驗，那這個孩子就不會被鑑定為資優，在班級中也就沒有被平等挑戰的機會了。我們需要使用更多的測驗和使用更高標準的工具來提供正確的測驗資訊和成功的介入。

有些學校系統使用「試用的」篩選程序（try-out screening process）[13]。在這種情形下，學校會在特定的時期中提供所有的小學學生為資優學生設計的課程。一群精心挑選出來的教師會觀察這些孩子，尋找普遍的智力、概念思考、高度發展的語言技巧、多種型態的理解能力，以及和他人有關的能力。一旦教師觀察學生一段時間之後，他們會將其發現呈報給評選委員會。這些可能有些主觀的發現會結合客觀的資料，像是測驗分數、檢核表、問卷和教學檔案，以協助鑑定學生是否能夠進入資優班。

---

[13] Van Tassel-Baska, J. (1998). Disadvantaged learners with talent. In Van Tassel-Baska (Ed.), *Excellence in educating gifted and talented learners*, p. 98. Denver, CO: Love Publishing Company.

鑑定所有資優學生的一個重要理由

為了讓資優課程能夠繼續下去，鑑定的大傘必須要盡可能地延伸。一個少數民族的行政人員戲劇化地發表他的看法：「我們不能繼續支持資優教育中的種族隔離制度。美國正在改變。不到二十年，當有色種族達到多數時，現在的多數就會變成少數。如果我們繼續將具主導地位的白種、經濟優勢的學生送進資優班，到最後相較於其他孩子，這些孩子的比例就會越來越少。學生人數這麼少的資優班，在經濟上就無法支持。所以找出資優的少數族群學生不只在道德上正確，在經濟上也正確。它保證資優班會為『所有的』學生持續下去。」

關於測驗程序

所有的測驗，不管是個別的或是團體的，都會讓孩子感到壓力。個別測驗之所以有壓力是因為至少要花一個小時去施測，而且孩子必須和成人一對一互動。即使成人會試著讓施測過程有趣，密集的互動對一些孩子來說還是具有威脅性。心理學家被訓練能夠在測驗前和孩子建立和諧的關係，然而父母還是可以得到保證，只要孩子

表現出不尋常的壓力徵兆，測驗就立刻停止。

團體測驗也會帶來壓力。團體的分數受施測環境的影響很大。孩子有可能會因為侵入的噪音、干擾或僅僅是面對他人而分心。另外，當一個高能力的孩子感覺到另一個孩子回答得較快也較沒有困難時，他可能會感到非常不安。團體本身的壓力事實上可能會讓這些孩子表現得不好。再者，團體測驗通常對閱讀能力高的孩子較有利，一個幾乎是天才、閱讀能力卻不好的孩子可能會在一個依賴閱讀能力的測驗中表現得不好。

並沒有所謂「純粹的」測驗。不管是個別或是團體的測驗，孩子都可能受到環境的影響——房間的溫度、早餐吃了什麼、昨天晚上睡得好不好、像是搬家或父母分開等家庭壓力，或是其他的情況。如果你之前曾經讓孩子接受過測驗，而這次的分數有一些不一樣，你可能要記一下測驗的情況。你可能甚至想要詢問是否讓孩子重測。

當你要求學校系統為孩子施測時，你有權利——和義務——去為了你認為會影響到測驗程序的任何因素和學校溝通。任何個別測驗都需要家長的同意才能施測，但是一旦家長給予書面同意，學校就可以在心理學家或是施測者有空的任何時候執行測驗。有些時候對孩子並不是最好的時機。如果有什麼學校人員需要知道的事，在你簽下同意書之前要讓他們知道。

舉例來說，你的兒子患有嚴重的花粉症，每年春天花開時節他都必須服藥來控制症狀。你就有權利要求讓孩子在不需要服藥的秋季接受測驗。你也有權利要求學校在測驗前一、兩天通知你，這樣

你就可以在你女兒接受測驗之前對她說些鼓勵的話。

　　重點是，你要在之前作溝通。如果你沒有要求學校人員在測驗之前通知你，那麼責怪他們未先行通知就不公平。如果你沒有告知學校人員你的孩子有花粉症，那麼就不要批評和抱怨他們讓孩子在春暖花開的季節接受測驗。

　　這個規則有一些例外。如果測驗在早上十點實施，而孩子在中午離開學校的時候體溫高達四十度，那麼你就必須在測驗後和學校溝通。如果孩子在受測時身體不舒服，那就表示她的表現可能不如預期。然而這種狀況很少出現。如果對你而言讓孩子接受測驗很重要，在施測前讓施測者知道任何應該考量的因素就必須被視為優先。而且，因為資優孩子擁有敏感的靈魂。請私下討論，不要讓孩子聽到，或是以書面的方式告知。然而，稍後你可能會想要至少大致上和孩子討論測驗進行的過程和測驗的建議。

　　不需要在孩子剛出生時就讓他接受測驗。要記住，家中給予較多刺激的孩子所得的分數可能會高於環境中較少閱讀、語言、書籍和對話的孩子。隨著孩子的成長，分數可能會有少許的下降——這是差別消除（leveling out）過程的一部分。堅持讓你的聰明孩子在被智力測驗排除在外之前就安置在資優班，可能會對孩子造成很大的傷害。然而，當你懷疑孩子是高度資優時，早期的測驗可能對於他們及早進入學校或資優課程很重要。

　　有一些特殊的狀況，像是確認孩子是高度資優的證據或是看起來和資優有關的壞脾氣，需要早期的測驗來確認，但是大致上來說，

最好還是讓小小孩可以安心的作小小孩，讓他們敲鍋子和湯匙，並像其他小小孩一樣探索世界。Nancy Robinson 說：「只有在特殊狀況時才需要做心理測驗；事實上，父母反而能夠更正確地描述孩子的發展[14]。」換句話說，在孩子很小的時候，除非你有很清楚的理由需要得到專家的意見，否則你自己對孩子的資優、天賦和興趣的觀察就已經足夠了。在小學一年級結束或二年級開始之前，如果你發現了學校忽略的線索，這也許是和孩子的教師討論是否讓孩子接受測驗的時機。

有時父母會選擇私下安排孩子接受測驗。這是一個可接受的選擇。然而，請注意一點，即使校方依法必須接受、遵守及依據外來的資料作決定，但是有些教師仍舊比較相信學校推薦的心理師而非一個不認識的專家所施測的結果。校方熟悉學校的心理師和他們所進行的測驗程序。

但是，很少有學校的心理師專精於資優兒童的需求，而且，事實上有些心理師根本沒有受過和資優兒童工作的訓練。如果你有特別的考量，你可以帶孩子去找校外的心理師做測驗。得到結果可能是很值得的，而且你所得到的書面報告通常比學校提供的報告來的詳細。

在讓孩子受測之前（不管是在學校或是在校外），問你自己為

---

[14] Robinson, N. M. (1993). *Parenting the very young, gifted child* (RBDM9308). Storrs, CT: The National Research Center on the Gifted and Talented, University of Connecticut.

什麼要讓孩子接受測驗。對有些父母來說，這件事非常重要。他們懷疑孩子資賦優異，並且希望得到確認以便採取必要的行動來讓孩子傑出並快樂。其他父母只是很好奇該對孩子有什麼樣的期待。如果你是好奇的父母，而且你的經濟夠充裕讓孩子接受測驗——而且如果孩子覺得測驗很好玩或有趣——那麼讓孩子接受測驗可能無傷大雅。

　　然而，不要只是為了在家族聚會中吹噓你的孩子有多聰明就讓孩子接受測驗。如果你是為了滿足你的自尊，在讓孩子受測之前多考慮一下。

接受測驗之前

　　不要試著在孩子受測之前幫他準備。真正的資優孩子是不需要準備的，而表達出對測驗過程結果十分重視，會給孩子不必要的壓力。既然資優孩子通常已經很想要表現傑出，父母親再增加他們的壓力反而可能有害。他們可能讓孩子覺得父母所有的希望和夢想都寄託在不公平的測驗上。在這樣的情況下，你要如何表現呢？

　　如果你真的希望讓孩子在測驗時做出最好的表現，讓孩子吃一頓有營養的早餐、給他一個微笑，並且祝他玩得開心。信任孩子會在測驗中做出最好的表現。這不是你能夠控制的，所以你也可以不要搞砸它。

▒ 你所能做的最好的事⋯⋯

　　⋯⋯就是放鬆──尤其是對於孩子的智商分數。智慧是多元的，智商分數並不能測出所有的資優，它只能評量出一些複雜能力的大概。孩子對於你是不是稱職的父母並不能提供答案。孩子是一個有長處和弱點的獨立個體。他在測驗的表現如何並不會讓你成為英雄或是罪人。

　　舉例來說，如果你確定孩子是資優的，但是測驗分數卻無法證實你的認知，你的孩子還是你的孩子──聰明、能幹、可愛，而且可能還是在理想的智力範圍中。如果你對孩子的測驗表現顯出失望，你傳達的是什麼訊息呢？告訴他你確定他做的很好，而且你知道他很聰明，有能力完成許多很棒的事。

　　如果孩子的測驗結果的確證明他是資優孩子，那很好。但是不要太激動了。資優並不代表他在學校會一帆風順，也不保證一個美好的人生。前面的路很長，也許會有顛簸。而且，從他被鑑定為資優的那天開始，你就可能要在他的教育上花費相當大的心力。

第四章

父母與教師：了解彼此

　　不管是資優或是一般的兒童，對他們來說最好的學校狀況是在班級中他能有安全感和價值感，而且在那裡，成就是被預期和鼓勵的。當孩子知道有支持他的課堂限制，所有的行為（不管是正向的或是負向的）都會導致一致的結果，而且他們不會被公開處罰或私下羞辱，他們就會有安全感。當大人認真聽他們說話，讓他們去探索事物，當他們在計畫課堂活動時給他們意見，當他們嘗試做突破他們智力限制的事時給他們獎勵，並且尊重他們的尊嚴和獨特性時，他們就會有價值感。

　　這些都是眾所皆知的，然而當你在為你的資優孩子找學校時，你要如何肯定的知道孩子會不會在這所學校有所成就？觀

察老師的行為是一個方法，但是在尋求觀察教師班級的同意時有正確的方式，也有錯誤的方式。

關於教師的一些內部資訊

當你工作時，如果你的上司和你站在不同的立場，論斷你和批評你的表現，你會有什麼感覺？你會覺得焦慮？緊張？你覺得自己比自己所了解的更無能？這就是當老師所不認識的家長突然要求到班上觀察以決定自己是否「適合」他的孩子時會產生的感受。

教師的工作一向很有難度，但是也許從來沒有像今天這麼難。可以理解教師可能會不歡迎那些跑來譴責他們的班級經營技巧和找出他們教學能力缺失的人。不幸的是，有些父母就是會有這種表現，而且那樣的批評態度會造成對立，而非合作。

你有權利觀察班級，但是蒐集資訊的較好方法是以教師的朋友和教育支持者的立場待在學校。花些時間讓學校人員認識你。參加家長座談會，並多參與家長間的活動。如果你因為工作的關係無法成為學校的志工，試著尋求其他途徑，多參加學校活動。在教師籌辦需要家長共襄盛舉的活動時表現出你的熱忱。

家長通常擁有可以豐富班上同學的知識或技能。他們可能精通外語、是藝術家、懂得如何烹調異國風味的食物，或是會演奏樂器。這些技能都可以和學生分享。有時候教師需要有人可以聽學生朗誦

或是帶領讀書會。有良好訓練的家長可以帶領學生的讀書會或是協助他們準備一些學術競賽。不管你有多忙，有上百種方法可以讓你自己融入學校環境中。所有的家長都有可貢獻之處。

　　一旦大家都知道你是個參與意願強的家長，並視你為團體的一分子，你就比較容易接近老師，和他分享你對孩子的種種疑問並有意義的討論相關議題。如果老師視你為關心孩子的家長、教育上的夥伴，如果老師知道你在乎的是什麼對孩子最好，而不是批評學校和教職員，那麼他們對你的態度就會更開放、更歡迎。他們會更願意提供現在或將來關於安置孩子的學術資訊。如此蒐集到的資訊會比矯揉造作的、正式的和可評價的課堂觀察所得到的印象來的可信。

　　在學校中採取主動只是你滿足孩子需求的長期策略之一部分。因為幫助他在學校中適得其所不只是你現在的課題，從國小一年級到高中畢業甚至以上，你都需要關心這個問題。

　　身為孩子的基本代言人，家長必須熟悉學校所提供和支持的教學及活動。他們應該要找出各種可得的課程。他們應該要知道各種課程選擇的優點和缺點，並且了解這些課程是否適合自己的孩子。發現這些資訊最有效的方法是多參與學校活動。一旦學校行政人員和教師了解你並信任你，他們就會比較尊重你的看法並誠實表達他們的意見。他們會比較傾向視你為教育團隊的重要成員。

　　要注意，你為孩子做的這些倡導活動都必須在尊重教師及學校相關人士的前提下進行。如果你帶著一副「我什麼都懂」的態度，別指望能夠得到太多配合。

家長和教師的夥伴關係

　　資優學生的家長和教師面臨了不同的挑戰。家長持續的處理孩子的社會及情緒需求，而這些日常的起伏是很耗費精神的。

　　教師也經歷到你孩子的情緒起伏，但是他們同時要面對班上所有孩子的起伏。因為社會期待教師給予每個孩子最適當的教育，有些教師會大感吃不消。你孩子的教室中包含著數十位孩子的不同需求，有各種殘障的孩子、被虐待或是有嚴重情緒問題的孩子，才剛剛學習英語的孩子，以及有特別學習需求的孩子。

　　除此之外，小學教師還被賦予一些責任，像是修復受傷的自尊；提供藥物濫用的教育；幫助孩子分辨好的觸摸、不好的觸摸和陌生人的危險、給予人格教育（這在以前是父母的責任）；以及仍舊要教好孩子學科知識以使他們通過政府委託的成就測驗和學科考試。在很多學校，教師尚須擔負學校餐廳和遊戲場的責任。這樣會不會讓你疑惑資優孩子的需求可能被忽略了？如此不難了解為何有些教師會合理化並說資優孩子可以靠他們自己來學習事物。

　　能看到孩子完全發揮潛力的最好方式是和他的老師結成聯盟，因為在處理這些具挑戰性的學生時，家長和老師對彼此來說都是最有用的資源。當兩者之一發現孩子有可能是資優的或是資優孩子有問題時，都應該要立刻尋求另外一方的協助。他們應該要確認另一

方對於同一件事是否有不同的看法。

　　有時候家長會從教育者那兒聽到對孩子不同的看法。當遇到這種情況時，要記住孩子的老師是從不同的觀點出發得到的看法——經過一段時間每天幾個小時的觀察。他／她的看法自然會和你的不一樣。

　　用這個角度來思考：假設你站在一棟九十層高摩天大樓的底層，它看起來很巨大。你甚至看不到最頂層。然而，站在十英哩外再看同一棟大樓，它還沒有你的食指長。你必須要結合兩種距離所看到的觀點，才能對同一棟建築物的尺寸有真實的判斷。

　　對於資優孩子也是一樣。你和教師的可能都對，但是唯有結合彼此的觀點，才能看到孩子的全貌。

　　舉例來說，九歲的安華在家表現出令人驚歎的長時間的注意力廣度；教師是否也發現了這個特質呢？在學校，八歲的莎莉喜愛閱讀並自己製作有好幾章內容的書；她在家裡也表現出這個語言天賦嗎？十歲的卡洛斯只要沒有在拼字考試得到滿分就很容易沮喪；他總是這麼要求完美，還是只有在學校會遇到這樣的問題呢？當家長和老師一起合作去建構出孩子的完整圖像，他們就能夠比較確定和有信心的做出測驗和課程調整的共同決定。

　　不幸的是，資優孩子的家長和老師太常把彼此視為敵人。老師可能相信家長在攻擊他們的教學方法、逼迫資優學生，並且自負的認為自己無所不知。相反地，他們認為家長對孩子的特別天賦並沒有足夠的鼓勵。家長可能認為老師工作並不努力，並不珍惜他們孩

子的資優，或是認為老師對於孩子太過挑剔、太多要求。

　　吉姆和蘇愛蘭是六歲資優兒童凱爾的父母。凱爾一年級的報告顯示他超越一般標準，至少在他父母的眼中。他們期待凱爾可以立即進入每個領域的最高層群體，卻驚駭的發現他甚至沒有被安排到進階的閱讀。他們開始懷疑老師。她有意識到這個資優學生的需求嗎？

　　凱爾的父母必須停止在了解學校的情況之前就太早下結論。相反的，他們應該和凱爾的老師約時間好好談談關於他們的憂慮，把焦點放在孩子身上，而不是放在老師的能力（或缺乏能力）上。他們可能很高興聽到老師說：「我很高興你們過來。凱爾的能力很強，但是你知道，有時候這些孩子會因為需要更多的情緒支持而有一些狀況發生。這就是凱爾的情形。我認為在安排凱爾到進階的閱讀之前，我應該先確保他在環境中以及和其他同學的相處上感到舒服。在一到兩個星期之內我就會安排他到那個團體中。」在這個個案中，這位老師非常能夠意識到凱爾的能力和他的最大利益。

　　在另一方面，凱爾在班上的表現可能會讓他的老師認為他不投入並感到生氣。當她詢問父母時，凱爾的父母可能會說：「喔，凱爾就是這樣啊！我們也從來不知道他有沒有在聽我們說話，但是我們稍後再跟他說的時候，我們就發現他記得我們剛剛說什麼。他只是看起來有很多心事罷了。」藉由凱爾父母的說明，教師就能得到一些有價值的認識。

　　重要的是教師和家長要分享的是資訊，而非偏見。教師和家長

可以藉由結合彼此的觀察，而非保護彼此個別的領域，去學習相信彼此並做對孩子最好的事。然後，即使有意見不合的時候，他們也會在彼此尊重的前提下一起解決問題。

如果學校系統幸運的有一位資優教育的專家，他／她能夠和家長有良好的溝通就很重要。這位專家是家長和導師之間的重要橋樑，在任何時間都必須對雙方開放。這個無價的人力資源應該要受過密集的訓練，並且對資優學生的學業、社會和情緒需求都有很清楚的認識。因為家長和教師處理許多和資優相關的複雜事宜，這位專家能夠提供雙方日常和長期的指導。另外，當家長和教師之間意見不同時，這位資優教育專家是最適合提供中立意見和提供創意解決方法的人。

為了資優孩子好，家長和教師都應該克制自己的偏見，以平等的態度一起努力，讓家庭和學校之間溝通的管道暢通且良好。

誰應該教導你的資優孩子？

只有非常少數的學校能夠接受家長為個別的學生要求特別的教師；一般來說，學校的行政人員會害怕，如果所有的家長都能為自己的孩子選擇教師，學校會一片混亂。然而，如果你有足夠的理由和證據說明這樣的安置對你的孩子最為有利，那麼試著為你的孩子指定特定的教師就無妨。如果你有之前教師、資優教育工作人員或

是兒童研究團隊的推薦函，這會對你的要求有些幫助。如果你想要增加成功的機會，試著理性的協商，而不要做蠻橫的要求。

　　Joyce Van Tassel-Baska 提到能有效教導資優學生的教師必備的幾項特質，包括有：(1)對於有能力的學生立即給予支持和加速的選擇；(2)有能力調整課程；(3)在授課內容上受過適當的訓練，並足以勝任；以及(4)做好準備組織和經營教室活動[15]。Barbara Clark 指出，資優學生的教師應該要有「不尋常的能力」，能夠同理這些天資聰穎的學生；分享熱情、對學習的喜愛、生活的愉悅；真誠的和人本的；有警覺心、有見識、有知識；能忍受模稜兩可；看重智慧、洞察力、多樣性、獨特性、改變、成長和自我實現[16]。資優學生說他們希望他們的老師了解他們，展現一點幽默感，讓學習變得有趣和令人振奮[17]。老師的年齡、種族、信仰和性別則不那麼重要。

---

[15] Van Tassel-Baska, J. (1991). Identification of candidates for acceleration: Issues and concerns. In *The academic acceleration of gifted children* (Southern and Jones, Eds). NY: Teachers College Press.

[16] Clark. *Growing up gifted,* p. 226.

[17] Kathnnelson, A. & Colley, L. (1982). *Personal and professional characteristics valued in teachers of the gifted.* Paper presented at California State Universoty. Los Angeles, CA.

和資優孩子工作的有用特質

幫助人的態度和行為

對資優孩子而言，老師不是知識的無盡資源，而是協助者，引導和調整孩子的創造力和發明。老師必須知道如何幫助孩子學習，並且能夠引導他去尋找各種資源——紙本的、電腦的、人力的。這些資源可以擴展他在智力上、社會上和情緒上的眼界。

此外，老師必須承諾會保持誠實及公平，因為資優孩子十分在乎公平和誠實，老師絕不能有錯誤的示範。

最後，老師的態度必須反映出對多樣性的接受度。他必須相信各種族和宗教團體的孩子都擁有潛質，並察覺到不同文化的資優表現方式。

自信

資優孩子的老師必須有足夠的自信不會在學生比他精通某一個特別主題時失態。當資優學生對於某個主題極感興趣時，他們就有能力作深入和透徹的研究並且很快就能變成一些奧秘題材的專家。沒有一位老師能夠滿足每個資優學生，對任何主題都瞭如指掌。他

應該對學生的興趣感到高興，而不是覺得受到威脅。

資源豐富和有彈性

　　由於常受到預算限制，好的老師知道如何善用日常資源作為教具——諸如捲筒衛生紙的紙筒、樹幹、廚房的煙囪、撲克牌。你孩子的老師應該有足夠的創造力去發掘身邊每件事潛在的教育意義。教室亦須充滿各種可以讓孩子學習的東西。此外，老師應該要有許多的備用策略，如此他才能在一個教學點子不管用時，立刻採用另一個策略。

創造力和開放的心胸

　　資優孩子常常以獨特的方式來解決問題。對於一個問題的答案，老師不應該限制在只尋求「最好的方法」，或是更糟糕的，「唯一的方法」；相反地，她應該了解並讚許資優學生的天賦。畢竟，這樣的天賦解決人生的重大議題，並贏得諾貝爾獎和其他重要獎項。老師不應該害怕這項特質。

信任的態度

　　老師絕不該放棄他的權威性，但是當學生能夠獨立作業時也不

該過分焦慮。老師必須信任孩子有能力獨立作業，除非孩子不想這麼做。

文化知識

資優學生通常對於音樂、戲劇和舞蹈表現出極度的興趣。教師必須夠了解這些科目，並能夠自在的討論他們，也應該知道如何使用這些藝術作為教學過程的一部分。舉例來說，莎士比亞的戲劇不僅僅是一齣戲劇，它還是一扇開啟那個時代的窗戶；老師應該能夠開發這個令人感到興奮的資源，製作成所有可能的教學，不只是關於戲劇本身，也是它的歷史和社會背景。一位教導不同種族學生的老師應該要有意願去探索學生的文化——從食物、到詩、到音樂、到舞蹈。

科技知識

老師不需要知道關於電腦程式或無線通訊的所有事，但是他必須能夠指導學生使用各種科技工具，包括網際網路。

試著想像當孩子知道自己名列跨國網際網路資優學生搜尋群組時會有多高興，它可能是由國際知名的專家主導。學生不僅可以獲得重要的教育利益，他們同時也會發現在這個世界上還有很多跟他們一樣的人。他們會發現在世界的其他地方住著和他們有相同興趣、

天賦和挑戰的人。這樣的發現能夠長期幫助資優學生，讓他們比較不會感到疏離和格格不入。

耐力（stamina）

資優學生和其他有特殊教育需求的學生一樣，需要老師給予許多資源。他必須有能力跟上孩子的高精力水準和持續的質疑。

老師也必須擁有近乎無限的傾聽能力。整天傾聽一位資優學生說話能摧毀任何人的耐力。然而傾聽是絕不可缺少的。資優學生常常需要藉由不斷地說出想法來了解其可行性，而老師就必須能夠傾聽、指導、再指導，並且做適當的回應。這些需要耐力。

老師必須能夠包容孩子的高度好奇心、獨立和創造的思考，以及存在的做事方式所經常帶來的挑戰。

專長某項主題的能力和技巧

有能力將他們所教授內容付諸實務的老師對於資優學生特別有幫助。一位也是音樂家的音樂老師、一位曾經公開展出作品的美術老師、一位曾經出版短篇小說或詩作的文學老師、一位積極研究其感興趣領域的科學老師，或是一位在諮商中心當義工的輔導老師都能為他們所教授的內容建立潛能、應用和重要性的模範。這些老師不只是依賴教科書、講義，或是其他課程教材，他們將他們的經驗

和創造力帶進教室中。

幽默感

在這個教導資優學生的高壓力行業中，能夠與學生同樂（而非取笑學生）是最基本的。而老師也應該要有自嘲的準備。一般孩子覺得太複雜的笑話、雙關語和各式各樣的幽默通常會讓資優學生感到十分愉悅。而且，一些輕微的觸碰可以長期幫助有時會感到緊張和要求完美的學生。

對這些特別的孩子真正有興趣和愛

老師不該視教導資優學生為負擔，而應該視其為一個延伸、學習、在專業上有所成長的絕佳機會。他必須長期不斷進修，以能欣賞和適應每個資優孩子不同的天賦。

第五章

幫助資優兒童學習

你可能已經對孩子教師所須具備的條件有了一些了解，但是什麼樣的教室環境和課程最符合孩子的需求呢？

理想的教室

假設你已經決定要去參觀孩子的教室，來了解它適不適合孩子。理想的教室並不只是課桌椅和布告欄的集合，它是一個邀請孩子帶著活力和想像力來學習和發現的地方。

理想的教室是和環境結合的。教師在這裡開啟孩子的心靈

去接納環繞在他身邊的驚奇和魅力。如果孩子在上學途中抓了一隻蝴蝶，那麼他的教室就應該要有一個可以安置蝴蝶的地方，好讓這個孩子能夠看到牠，觀察牠，研究牠，並享受牠的美麗。

理想的教室可以讓孩子以各種方式學習。學生由眼睛、耳朵、手、口和鼻子來學習事物，他們在團體學習，也獨自學習。他們透過音樂、藝術和自然學習，也使用教科書和其他的資源。教室應該能夠涵蓋各種學習風格，包括視覺的、聽覺的、動覺的，和其他的學習風格。

你曾看過教室的黑板中掛著字母表嗎？其實，這些表的位置應該和孩子的視線同高，這樣孩子才能看著這些字母，用手指循著筆劃摹寫，並且上上下下的觀察，發現 B 和 P、C 和 O 之間的關係。

理想的教室充滿著孩子的作品展示，並且在角落和一些小空間中安排了個別教學和補充資源。教室看起來甚至可能有些凌亂，因為充滿了孩子們正在進行的半成品。布告欄看起來也可能並不完美，有些地方反而會看到髒污的指印，這些指印也證明了孩子創造了教室部分的視覺環境。

理想的教室會隨著孩子的發展需要而改變。教師不必堅持教室安排和布置的每個小細節，而是要接納孩子的建議和想法。建造這樣的環境就像是用剩餘的毛線編織圍巾，你不知道圍巾最後會編成什麼樣子，但是你知道它一定會色彩豐富，並讓你感到溫暖。

讓孩子能夠得到最大利益的教室會讓她感到和老師、同學以及學習有所連結。學習是一個一直在變化的過程，因為它發生在教室，

和孩子一起回家，被生活經驗塑形，然後在第二天以一種不同的面貌回到學校。在孩子的生活中會出現許多可以機會教育的時刻，而教室必須支持這些時刻。

上述有些是無形資產。但是你在參觀理想的教室時還會看到什麼東西呢？

你可以看到學生持續的參與，而且他們不但能告訴你他們在做什麼，也能告訴你為什麼。你不會看到一團混亂，但是教室也絕不是安靜的。孩子們主動的參與學習，在教室中四處走動，和同學或是獨立工作，這樣的情景幾乎造成了一種有韻律的脈動。你會發現教師和孩子幾乎是一起做決定和計畫，你也會看到教師和學生個別一對一的溝通。你看得到全班一起討論，也看得到小團體的運作。如果學生完成了交代的作業，你會看到他們開始著手自己的計畫。

一個教師和家長熟悉的教室模式是可供不同類型學生工作的數個「學習中心」（learning center）或「活動站」（activity station）。教師以許多不同的方式使用「學習中心」。有時候學習中心以主題來區分，例如藝術中心、音樂中心、閱讀與寫作中心，以及科學中心。其他的時候學習中心則是以學生學習的方式來作區別。如果學生藉由語言而學習的成效最佳，那麼中心就有書、玩偶、讀卡、錄音機、文字遊戲，以及其他種類的閱讀和語言工具。有些中心包含了實際動手作的設備，像是拼圖、小工廠或廚房用具，以及其他可以讓動覺型學生獲得最佳學習成效的材料。其他中心可能提供材料來吸引藉由視覺學習成效最佳的學生。這些孩子能夠藉由藝術媒材、

錄影帶、圖畫、圖表和照片來迅速的捕捉概念。學習中心可以是安靜的，或是充滿活動的熱鬧場所；有時候只有一個學生在學習中心，有時候則有數位學生共同合作一個計畫。

理想的教室對學生很友善。這不代表教師放棄控制，讓學生為所欲為。對學生友善的教室以學生的需求來決定教室的程序。教師使用各式各樣的教學方法——從演講，到媒體播放，到真實世界的活動，到刺激——來確定照顧到所有學生的不同學習風格。

理想的教室也將以個別化教學（individualized instruction）為特色，或是依照學生的能力水準來教學。對許多教師而言，最理想的個別化教學方式是按照學生數學和閱讀能力來分組。在社會學科和科學課堂中，學生按照一般主題工作，但是個別的學生和小團體可以研究他們有興趣的相關領域。

打開大傘：給資優學生的擴充課程

（expanded curriculum）

個別化教學，伴隨著提供給高能力學生的豐富活動，對大部分的班級成員來說運作的很好。但是對於資優學生來說卻不足夠，對這些學生來說，擴充課程十分有挑戰性並有驚人的成效。

擴充課程並不是要給學生同樣類型的作業來讓他們保持忙碌。試想，讓一個充分理解「機會」這個概念的資優生作六個相同類型的作業有什麼意義呢？給資優生繁重的功課只會讓他們感到無聊和

挫折，進而造成被動的退縮或是破壞性（可能是侵略性的）行為。

　　若要將擴充課程付諸影像，可以試著想像一個雨天，教師和學生穿越樹林去尋找彩虹，當他們走在雨中，教師拿著一把大傘為學生遮雨。大部分的學生身穿黃色的雨衣、頭戴黃色的雨帽、腳踩黃色的雨鞋，而且在走路時都乖乖的待在教師的傘下。

　　然而，有一些學生穿戴的卻是其他顏色的雨具。珊卓的雨衣是綠色的，荷西是紅色的，史黛芬妮是藍色的，傑森則是橘色的。他們之所以穿上不同顏色的雨衣是因為教師同意他們離開保護的大傘之下，去探索他們感興趣或擅長的領域，而這些鮮明的顏色可以讓教師看的到他們。雖然他們有十足的自由，然而教師總是可以看到這些學生，他們也在教師的監督之下。

　　在這趟樹林健行前，教師和這些資優學生們一起決定他們想要研究的領域，而且在學生們帶著探索的結果回來之後，教師還會提供額外的指導。

　　在這次健行中，珊卓從大傘狂奔而出，去滿足了她對科學的迷戀，她從池塘中採集了一些水藻，並且帶回家放在她的小顯微鏡（這是爸爸送她的生日禮物）下觀察。荷西急著去研究天空的雲，他對天氣及其對地球的影響很有興趣。史黛芬妮離開大傘坐在一塊突出的大石下躲雨，並且讀起一本詩集。她非常喜歡浪漫派詩人的作品，並且會試著去思考詩人在詩的背後試圖表達的意涵。傑森就坐在她旁邊，當史黛芬妮讀詩時，傑森會寫下自己的版本。他們倆離開了很久，因為他們忙著分享彼此的想法。

當要離開樹林時，教師讓所有的學生集合，詢問有多少人看見了彩虹。當他發現完全沒有離開過傘下的學生們也至少看見了彩虹，他感到十分高興。而傑森、史黛芬妮、荷西和珊卓因為可以離開傘下而看到了其他的東西。他們現在可以和同學分享用不同觀點看事情的收穫。

回到教室之後，珊卓解釋了稜鏡和彩虹光譜，荷西討論了形成彩虹的天氣條件，史黛芬妮說明了在一些詩中關於彩虹的象徵意義，而傑森則說了一個他自己寫的關於彩虹和豬的有趣故事。在他們完成報告之後，這些學生們擴充了他們的研究：珊卓花更多時間待在科學中心；荷西到當地的電視台訪問了一位氣象學者；史黛芬妮重新修改了她的一些作品；傑森為他的故事增加了插圖，並且裝訂後放在圖書館中好讓同學們可以翻閱。

在這個個別化的模式中，教師提供了所有學生最理想的學習，資優學生也體驗了跟隨他們獨特路徑的樂趣。這些孩子對於他們所學習的知識有了重要的輸入，然而他們的獨立學習卻在全班同學所營造的環境下顯現出來。資優學生可以在和教師討論過後，或是填寫教師所提供的興趣測驗後，來選擇他們有興趣的特定主題。

更精確的說，資優學生的課程必須提供這些孩子有別於一般課程的路徑。這個擴充課程必須由教師指導在他們自己的班級中進行，像是去博物館、科學館參觀，看文化展覽，或是在一個有特殊教育專家的資源教室。資優學生在適當的時機回到教室和其他同學一起上課，但不必和其他同學一起做所有的事。因為對資優學生來說，

有些課程可以花比較少的時間就結束，這樣其他課程的時間彈性就會變大。有些資優學生在每個課程中都可以離開保護的大傘，有些則只有在其中一兩項。在所有的情況中，教師或是和資優專家一起工作的教師發展出可以區別（調整）課程的策略，以適合資優學生的需要和學習風格。

擴充課程的目標是幫助特殊學生更有生活能力。當教師第一次遇到資優學生，可以很明顯的看出學生的分析能力已經高度發展了；就是這樣的智力讓這些孩子成為資優兒童。然而生活不只是分析能力，這些孩子也不只是他們在智力測驗上的分數。他們是人，而人不會花所有的時間在數字和邏輯上。在生活中，他們會遭遇挫折，面對挑戰，解決問題，並且和其他人相處。教師的工作就是要扮演一位診斷者——了解孩子的天賦為何，並且提供他們相關並真實的經驗，由此他們可以發展出耶魯心理學家 Robert Sternberg 所說的「內隱的」（tacit）知識——這個技能有一天會讓他們在一個更寬廣的環境之下（像是辦公室、實驗室、教室，或是工作室）展現他們的天賦。

心理學家 B. F. Skinner 曾說：「教育是在學習和遺忘之後所剩下的東西。」這是內隱知識一個非常好的定義。內隱知識包括優先順序、分配時間和資源，以及管理自己和他人等技巧。當資優兒童長大，他們需要能夠烹飪、在自己不喜歡的情況下工作、和自己不喜歡的人社交，並且享受休閒活動。短期來說，他們必須學習鋪床、選擇要穿的衣服、整理桌子、照顧寵物等等。

因此，資優學生的理想教室，除了提供日常生活中有意義和實用的活動之外，還製造了激發不同思考和分析的開放、鼓舞和創造性的機會，並於其中找到平衡。如果資優學生將所有時間花在抽象化推理而沒有機會在真實的情形下練習他們的天賦，他們可能永遠都學不會如何將自己的優點發揮在成就自己並對社會做出貢獻的方向上。他們仍舊是資優的，但是他們的資優會發展不完全，甚至喪失。他們可能會有秩序上的問題，或是變成毫無生氣、表現未達應有水準的學生。或者，他們可能會有行為上的問題，甚至必須出入少年法庭。

課程差異化：太難實行？

　　對資優學生來說，「差異化」（differentiation）指的是提供可符合資優學生對於加強課程內容深度、廣度和複雜度的特別需求的學習選擇。有些教師認為，為了這些特殊學生而在日常課程中設計個別的計畫太困難並耗費時間，但這是個錯誤的觀念。事實上差異化課程很容易就可以吸引資優學生，因為他們很容易接受各種不同的方式，而且很容易對於可以促進或是擴展特定領域的學習感到興奮。

　　當教師利用各種方式讓資優兒童透過小團體研究、個別學習，或是其他方式有傑出的表現，他就得到了一位有用的助手——這個孩子。這些學生是如此的自動自發，所以一旦他們和教師一起訂定

目標，教師只要輕輕的推他往正確的方向，孩子就會對自己的學習擔起大部分的責任。當然，教師必須督導學生的活動，但是教導資優學生不需要變成一種細部控制（micro-management）。當資優學生全神貫注時，教師反而有更多時間去照顧需要其他注意的學生。

　　一位三年級的教師決定採用差異化課程。「當了七年老師之後，我已經厭倦每天有二十四對眼睛盯著我，隨時等待我在每堂課給他們指導。我決定要嘗試一點不同的，因為我知道在我的班級中有很多學生並未從我身上得到該有的幫助。去年，我的班上有兩位資優學生和幾個很聰明的孩子。那兩位資優學生是好孩子，但是我花太多時間在回答他們不斷的提問和處理他們在課堂上打斷教學的進行。他們獨占所有的討論，並不是他們想要這麼做，而是因為他們知道答案，也習慣於比其他孩子更快反應。一般學生沒有從我身上得到最好的教學，資優學生也沒有。」

　　「我決定和所有的學生簽下一個使他們對大部分學習負責的合約。因為這是我第一年嘗試合約的方式，我只在數學課使用它，因為數學中的程序是很容易看得見的。合約十分簡單，一般學生慢慢的完成它，但是資優學生在幾天之內就完成了。然後我和這些很快完成的孩子一起討論。接下來，資優學生的合約變得詳盡許多，對於更深入和長期的研究有更多的選擇。班級中的所有學生都在學習同一主題，他們只是以適合各自的速度和複雜度來學習。一般學生所學的是標準課程要求他們學習的；資優學生也是學習同樣的課程，只是他們被賦予適合他們的能力和學習風格的額外挑戰。其中一些

學生甚至對於機率理論這樣進階的課程感到興趣。」

「因為在數學課的成果很好，在下一個學期我也在自然課如法炮製。在去年底以前，我有效的運用了學習中心和合約，所有的學生都表現得不錯。」

「學生學習到的知識很重要，但更重要的是在班級中的氣氛。資優學生是如此的投入和集中精神在他們所做的事情上，所以我可以花更多的時間在班級裡需要協助的孩子上。也許他們需要教師額外指導的練習，或是寫作或拼字上的幫助。一般程度的學生快樂多了，程度較高的學生比較快樂，資優學生同樣變得比較快樂，而我也不會在一天結束時太過精神緊張。我覺得自己比較像是教師，而不是馴獸師。我將會在我接下來的教學生涯繼續使用學習中心和合約的教學方式。」

當孩子投入於適當的學習中，他們的精力就會被適當運用，而非在教室中造成大混亂。當一位教師的時間主要花在兩三個學生身上，其他人能學到什麼呢？將課程差異化對教師和學生來說，的確是雙贏的局面。

最後，讓資優學生「受到控制」比讓他們使用腦力和精力去追求能夠引起他們興趣和好奇心的主題要難得多了。為了要維持一個健康的學習環境，教師需要讓他們的學生站在自己這邊。畢竟，當你每天走進教室，反覆的學習三年前就已經很熟悉的東西會是什麼感覺呢？在這樣的環境中你會感到快樂和有生產力嗎？你難道不會想要做些事情來讓這個班級更有活力嗎？

標準課程的危險

　　瑪琪和卓維斯是兩位有特別學習需求的學生，但是在這些需求被滿足之前，他們在班級中製造了不小的混亂。

　　瑪琪高度資優並且在藝術上很有天賦；她同時也是班上的小丑，總是不停的搞笑。因為瑪琪的四年級導師並不擅長教導像瑪琪這樣的孩子，她發現自己在權力的對抗上變成輸家。這位老師對待瑪琪的方式變得越來越嚴格，而瑪琪也因此變得更加沮喪和憤怒。她的父母試著在家中扮演協調者，也做了所有他們能做的事，但是瑪琪在學校的情況只有越來越糟。

　　瑪琪的老師規定學生必須在午休進入教室之後趴在桌上休息。她認為這樣可以幫助學生安靜下來，集中思緒，並且為下午的課程作準備。瑪琪十分痛恨這項強迫人休息的規定，並且仔細的籌畫自己的應對策略。有一天下午，當所有的同學從遊戲場中回到教室，瑪琪把她的雙腳抬到桌子上，而不是趴下來休息。

　　「把妳的腳放回地上，」瑪琪的老師說。瑪琪拒絕了。老師開始覺得很不高興，她說：「瑪琪，我說把妳的腳放回地上，而且我是說現在。」

　　瑪琪咯咯的笑並說：「高老師，我的腳是在地上啊！」她並且向全班同學展示一幅畫了自己雙腳的圖畫──這幅畫被她妥當的放

在桌下。高老師被瑪琪激怒了，她對著瑪琪咆哮著說她這樣並不有趣，然而她的話語被全班的狂笑聲所淹沒。她同時失去了對自己和對學生的控制，並陷入了沒有贏家的局面。她覺得在這事件之後，她再也得不到班上學生的尊敬了。

在幾次與資優資源教師的討論之後，高老師開始了解和資優學生進行權力的對抗是沒有用的。她學習到和學生協商並容許雙方一起做決定會比較好，如此可以讓學生同時也成為你的助手。他們對其他同學的影響可能極大，而你需要他們的支持。資優學生不只是教師的驕傲，他們同時也是教師的責任；教師必須尋找可以幫助他們的策略，就像教師對待其他有特殊需要的學生一樣。

身為一位新手教師，高老師十分自覺到自己對於學生的責任，然而她的自覺有時使得她的班級經營風格變得有點死板。她審慎的思考後決定要放寬她那有些獨裁的規定，她和瑪琪做了一個約定。她同意試著廢止要學生趴在桌上的規定兩個星期。學生可以在這段時間安靜的閱讀或是寫日記。這個讓步的交換條件是，瑪琪必須要參與閱讀，而不是作一些表演或干擾其他的同學。在這兩個星期中，高老師會評估這樣的安靜閱讀策略是否和之前的休息時間一樣有效。如果是，要求學生趴下的規定就會永遠取消。瑪琪同意這個約定，因為她喜歡閱讀，也喜歡為她的日記畫插圖。因為適當的安排，瑪琪較少製造騷動，而高老師也不再這麼緊張了。因為教師和學生之間再也沒有明顯的權力對抗，下午的課堂也變得平和多了。休息時間不再是必需的。

高老師也發現自己太過情緒化的觀察瑪琪和看待瑪琪的搞笑，而她開始比較正面的回應瑪琪的幽默。她維持著對班級的控制，但是當瑪琪說了讓全班哄堂大笑的笑話時，她會跟著大家一起笑，再於適當的時機將學生拉回正題。瑪琪對於這樣的班級風格有很好的回應，其他的孩子也比較快樂了。

　　和瑪琪一樣，卓維斯有秩序的問題，但是他的問題嚴重得多。卓維斯在上幼稚園的第一天就惹上了麻煩。他在娃娃車上搗蛋，又在遊戲場中對同學和老師丟石頭。他被安置在有嚴重行為障礙的班級中，而當他唸三年級的時候，他的檔案就已經有一英吋厚了。就在當時，學校的心理師為卓維斯作測驗，發現他的智商有 160，於是將他列為高度資優。但是學校的校長拒絕將卓維斯安排至資優課程中，除非他先修正他在學校的偏差行為。這樣的決定或許不令人感到驚訝，但是有趣的是，如果卓維斯有聽覺或視覺的障礙，或是嚴重的智能障礙，而不是像現在這樣的資優，他毫無疑問的可以進入特別的班級。他不須在改變自己的行為之後才能得到符合自己特殊需求的安排。

　　由於他的成長挫折，卓維斯的行為變得更加極端。幸運的是，學校來了一位新校長，而這位新校長相信卓維斯的行為偏激是由於常規課程不能滿足他的能力所產生的挫折。她立刻同意卓維斯進入資優班。

　　卓維斯在資優班待了三年。六年級時的一門司法課程讓卓維斯學習到人們在負面的用途上運用自己的資優會發生什麼事。這對他

來說是一個覺醒。之前行為一直慢慢改善的他，突然有了十分巨大的進步，現在的他，雖然不是模範生，至少會乖乖的待在班上，而不是遭遇留校查看或退學的命運。

看過瑪琪和卓維斯的例子，我們知道，正規的學校教育對資優學生來說可能是個傷害。如果校方沒有認知到這一點，家長就必須要建議學校提供他們的資優孩子不同的教育選擇。

家長兼任教師的角色

說家長在教育過程中極為重要絕不誇張，因為家長是孩子第一個和最重要的老師。他們可以為他們孩子以班級教師做不到的方式擴展這個世界。

即使你因為工作而無法常常到孩子的學校去，你的工作地點和家裡仍舊充滿著學習機會。舉例來說，假設教師想要帶學生去參觀當地的一家研究機構。在一般的情況中，教師和學生接到標準參觀程序的通知，然後急忙趕去。可是如果有一位家長在那兒工作，情況就可能完全不同。紅地毯鋪好迎接著他們，學生可以參觀平常不對外開放的區域；他們在機構中的餐廳用餐；他們遇到身為家長朋友的研究員並和他聊天，並且知道了目前正在進行的特別計畫。其中的一段對話可能在一位學生和某個特定的成人之間激出了火花。這就產生了「良師典範」（mentorship）。其中一位家長提供這樣一

個學習機會能夠影響許多學生的生活。

　　每天和資優兒童一起生活讓家長對孩子的世界有了深刻的了解，這樣的了解即使是最有天賦的教師都不能發現的。舉例來說，潔絲在班上十分的沉默寡言和追求完美。和潔絲的父親聊過之後，老師明白潔絲最常聊的話題就是長大之後要開的玩具店。潔絲從來沒有和老師提過這個夢想。然而，從潔絲的父親那裡得到的資訊開啟了老師和潔絲在教學上新的可能。

　　潔絲的老師現在可以修改她的擴充課程以適合她的個人熱情。在不侵犯到學生明顯希望保有未來計畫的隱私權的前提之下，老師開始設計一些和零售相關的活動。潔絲可以使用數學技巧去練習存貨控制或是去了解如何使用市場調查資料。老師可以舉辦學生中心的廣告競賽來練習她的寫作能力；她可以使用她的分析技巧來比較成功和不成功的廣告競賽。老師還可以邀請一位零售業者到班上來討論經營生意的好處和壞處。

　　老師同時可以幫忙潔絲的父親。雖然他知道潔絲的夢想，但他未必知道如何幫助她實現夢想。老師可以建議潔絲和父親一起去參觀五家玩具店，然後選出一家對小朋友最友善的店，或是有最多選擇的店，或是玩具最有創意的店。也許他們兩個人可以設計一個遊戲或是玩具，只在潔絲未來的店中獨家販售。可以做的選擇實在是太多了。也許有一天潔絲會變成玩具大亨，也許不會。無論如何，父親認真看待這件事並和她一起從事許多活動，如此考慮到潔絲的興趣和技能對潔絲很有益。一位發現學生興趣所在的教師可以使上

述事件實現。

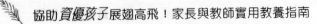「我的學校連最基本的都沒有！」

　　現今有許多學校有財政困難。當紙和教科書都短缺的時候，很難再要求學校有資優教育的專家、特別的班級，或是電腦。

　　但是不要就因此感到全然的沮喪，一個失敗的建築並不表示一定會給資優孩子一個失敗的教育。缺乏為資優孩子開設的課程並不表示缺乏希望。有一些特殊教育的教師選擇在未受到政府足夠關心的、窮困的地區工作，這樣的奉獻充分顯示他們將會好好的對待你的孩子。

　　即使學校缺錢，它仍有許多人力資源，而這就是資優孩子需要的——人們一起努力創造一個主動的學習環境。如果家長保持正向的態度，並對孩子的教育展現出堅強的決心，教師會感受到並且有所回應。沒有錢的情況下還是會有美好的事情發生。

　　國家也會舉辦創造性問題解決的相關課程讓學校參與，像是「未來問題解決」（Future Problem Solving）和「目標想像」（Destination ImagiNation）課程，它們讓孩子解決具挑戰性的任務。也有許多把焦點放在學術表現的州立或國立的競賽，這些比賽包括語文、地理、數學和科學各方面的學科。學校通常都會有關於這些課程的資訊。有時候，只要有一位家長的要求就會舉辦這些課程。

有些十分貧窮的學校會派代表參加這些比賽。學校的建築可能十分老舊且需要整修，但是孩子、家長和教師都十分主動和投入。資優孩子有很大的潛能，家長和教師也一起努力滋養這個潛能使其開花結果。只要有一點錢，就會有對於更大創造力的需要。

補助金可以幫助學校提供平常無法提供的課程。「外頭有很多錢能增加學校的課程，」一位學校的行政人員說，「但是你必須去找。社區的基金會、聯邦政府和其他的資源都可能提供補助金讓你充實學校的課程。你不應該自己來申請補助金，你需要社區辦公室的支持。家長和教師應該一起監督校方是否有盡力爭取。寫補助金的申請書要花好幾個小時，可是只要你試過幾次，就會變得比較容易。我第一次為我們學區寫申請書，結果連續五年得到每年兩萬五千元美金的補助。我們用這些錢做了好多很棒的事。如果你想要你的孩子和你的學生更好，千萬不要放棄。要找到一個方法讓它實現。」

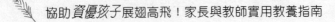

第六章

教室之外：
給資優孩子的學習選擇

　　資優課程不應該是好的學術表現和高成就的獎勵。記住，資優學生不會總是班上的明星。他們能夠進入資優課程並不只是因為他們目前的表現（雖然很可能是很傑出），而是因為一些指標（像是智商分數、推理能力、傑出的閱讀或數學技巧、教師的行為評量）顯示出這些孩子需要不同和特別的教育經驗。

　　在正規班級中，如果有一位或更多的學生被鑑定為資優，那麼可以使用符合他們目前能力和潛能的材料和技能，以不同的方式來挑戰和激勵他們。其中有一些策略包括了加速制（acceleration）──也就是，加快一個或幾個學科領域的學習速度。其他的策略包括充實孩子課程的各種方式，或是藉由不同的架構

提供教育的機會。

 加速制的選擇

　　加速制的方式包括提早入學（early entrance）、濃縮課程（curriculum compacting or telescoping）、單科加速〔single subject（or focused）acceleration〕、或是整個年級加速（whole grade acceleration，也就是跳級），和幾個其他的選擇。每一個都有潛在的優點，尤其對於在一個或多個領域有較高能力的資優孩子而言。

　　提早入學指的是：讓孩子進入幼稚園、國中、高中或大學的年齡比傳統上要求的年齡早一些。提早入學需要通過測驗，且學校和家長雙方都要同意。

　　讓孩子提早進幼稚園是一個大決定，但是智力資優的孩子通常會因提早入學而受益 [18]。許多資優孩子需要挑戰，雖然家長和教師會擔心，但是他們在社交上的表現也很不錯。

　　濃縮課程可以讓資優學生省略他們早已熟悉的工作並接觸更適合他們能力的課程題材，然而他們還是可以和同年齡的同學一起在原來的班級中學習。這樣可以讓學生更快速的學習一學年的課程，

---

[18] Rimm, S. B. **(1994).** *Keys to parenting the gifted child.* Hauppauge, NY: Barron's Educational Series, Inc.

並減少不必要的重複。為了達到課程的緊密，教師必須仔細的找出學科中的重要學習目標，測驗學生是否精熟這些主題，讓通過測驗的學生可以縮短學習時間，並且為這些學生設計替代或加速學習的活動。這些活動必須包括不同的教材或補充的材料、小團體或個別的研究，或是自我導向的學習單元。雖然濃縮課程一開始需要教師和學生雙方時間的投入，它卻提供了釋放極大創造力的潛能。一旦這樣的系統就位，它可以使資優學生免於浪費時間，讓他們能夠探索更深層的想法和觀念，並且讓他們練習更高層次的思考技巧以解決難度更高的問題。

　　一旦資優學生了解完成基礎的課程表示他們可以有更多的時間從事他們真正感興趣的事物時，他們就準備好接受濃縮課程。結果是，他們大多仍維持高度的積極性。

　　同時註冊（concurrent enrollment）指的是孩子同時註冊不只一個課程。舉例來說，有一些高度資優的孩子可能在社區的學校上學，卻又同時到另一個專精於這個孩子有興趣領域的學校上課。艾莉莎就是這樣一個學生。她早上到一般的中學上課，下午去一所教授表演藝術的學校修課。她的同學保羅則是一週有三天的早上在社區的大學修物理和微積分，每天下午在高中修其他的課程。

　　單科加速提供孩子在某個擅長的領域可以跳升一或多個年級的機會，同時它也被認為是一個同時兼顧孩子在智力和社交上需求的方式。這個孩子大致上都還是可以和同學一起上音樂課、美術課和體育課，也可以一起吃中飯和休息。因為很多年幼的資優孩子尚未

發展好精細動作技能，所以他們也可以待在教室練習寫字或畫圖表。然而，在他們所資優的科目中，他們就可以加速學習的時間，並且和適合他們智力年齡的班級一起上課。例如，一個二年級的學生可能會到四年級學閱讀，到五年級上數學課，但是其他的課程和活動都還是回到原來的班級。

　　整個年級加速，也就是跳級，是可以幫助資優學生（尤其是高度資優）發揮潛能的一個有效方式。以這種方式，孩子被直接安置於和他的智力年齡相當的較高年級中。因此，孩子在學校中的同儕並不和他年齡相當，而是和他的學業表現相當。

　　家長和教師通常會擔心這個學生的社會和情緒需要可能會變成一個問題，但通常不會。當然，大部分的中學生不會想和九歲的小孩一起玩，但是，如果這個孩子真的非常聰明，父母可以替他們安排一些讓資優生參加的夏令營、運動社團、教堂的唱詩班、童子軍，或是各式各樣的志願活動，來滿足他們的社會和情緒需求。針對跳級學生所做的研究發現，他們的社會發展並不會受損。抑制他們的學業發展反而可能損害更大。

　　有一些教育人士認為跳一個年級不夠，因為一個年級之間的課程挑戰差異並不大 [19]。但是如果是跳兩個或更多的年級就要經過周詳的考量，尤其是當這樣的跳級可能會使得孩子從小學升到國中，

---

[19] Tolan, S. (1990). *Helping your highly gifted child*. ERIC EC Digest (E477). Reston, VA: The Council for Exceptional Children.

或從國中升到高中時。

當思考整個年級加速時，有很多觀點可以考量。「愛荷華加速量表」（*Iowa Acceleration Scale*）[20] 的作者曾經研究過和學校及學業表現相關的幾個因素：在考量下的年級安置；孩子的兄弟姊妹目前就讀的年級，因為當孩子被安置在和兄姊一樣的年級時會引發很多問題；學生對於學習的動機和態度；學生對於學校課外活動的參與；以及他在學業上的自我概念。發展的因素包括年齡、體型和動作協調。這個孩子的人際技巧和整個年級加速將會從家長和學校系統所得到的支持數量也是做決定過程的一部分。

「愛荷華加速量表」包含一個須由兒童研究團隊（Child Study Team）填寫的問卷。兒童研究團隊的成員應該包括校長、學校的諮商師、學生現在的導師、去年的導師、資優教育的教師、資優教育的專家，或是任何合適的專家。根據問卷所填的答案，這個團隊應該決定是否要讓孩子跳級，也要決定跳級的方式。

舉例來說，黛安娜在智力上的表現足夠讓她從國中跳級到高中，但是她已經被選為足球隊的隊長，而且他們這支足球隊很有機會問鼎下學年的冠軍。她和她的足球隊友們又特別的親近。跳級所代表的是離開她的學校和足球隊。所以，她非常反對跳級。她的父母也持保留態度。在考量之後，跳級被認為不可行，這個團隊從問卷的

20 Assouline, S., Colangelo, N., Lupkowski-Shoplik, A., Lipscomb, J. (1988). *Iowa Acceleration Scale: A guide for whole-grade accerleration*. Scottsdale, AZ: Gifted Psychology Press.

資訊中達成一個建議，那就是黛安娜只須去高中上數學課（單科加速），而且在國中可以做獨立的科學研究。她也可以繼續在足球隊踢足球。

加速之外的其他選擇

除了加速之外，也有其他提供刺激和挑戰的有用方法，可以在課堂中激發資優學生投入。這些包括（但不限於）成群分組（cluster grouping）、資優資源班（gifted resource classes）、良師典範制（mentorships）、獨立研究（independent study）。

成群分組不只用在資優兒童，同時也用在某一科表現特別優異的兒童。學生組成小組在教室中一起學習某一科目，如數學、閱讀或是科學探索。這個群組的成員可能是同一個班級的學生，也可能來自幾個不同的班級。不管學生來自何處，他們都在某一個科目中擁有相似的需要和技能。這樣的群組可以是暫時的，並由一位有經驗的家長或老師來督導。

舉例來說，一位有受過帶領青少年閱讀優良讀物讀書會的家長或教師就可以一週到學校一次，並和正在閱讀相關讀物的資優學生一起討論。學生們也可以組成臨時的小組針對特定的科學主題由專精於此領域的家長來協助學習。

群組也可以是永久性質的。一個永久性的群組成員應該是同年

級的學生。以下是它的運作方式：假設一座小學二年級有一百位學生，分為四班，一班二十五人。有七位學生被鑑定為資優，但是因為學校預算有限，沒有辦法為這些學生成立一個資優資源班，也沒有其他的相關課程服務。

想要服務這些學生的一個方法是把他們分到同一個班級，由同一位教師教授。研究清楚的指出，資優學生至少要在一天中的一部分時間和其他的資優學生一起相處。當他們變成一個團體，他們會增進彼此的學習，可以從友誼中學到更多，而且較不會變得孤立。這樣的團體更加可能讓他們的需求──不管是學業上的，或是社會和情緒上的──透過他們永久的群組而達到滿足。

資優資源班〔或「抽離」（pull-out）課程〕中只有資優學生，一般是一個星期上一或兩次課，由受過資優教育訓練的專家來上課。這些資源班提供資優學生擴充課程以及和其他資優生互動的機會。通常課程圍繞著從各個角度研究出的特定主題，並常提供需要整個班級投入的複雜方案。學生在研究、參照程序和更高階、更複雜思考策略中獲得額外的注意。

資優資源班可以照顧到年幼資優學生的特別需要。通常被導師認為是搗蛋鬼的學生會認為資優資源班「充滿了陽光」，並且在回到他的日常班級中時會變得比較平靜。有些家長反應他們的孩子在去資優資源班上課的日子比較快樂。

一些在正規班級比較安靜的孩子在資優資源班中變得比較多話，甚至太多話，因為這是一個他們認為安全的地方，他們不會被嘲笑，

也能夠被老師和同學所了解。有一位年幼的資優學生說：「待在這個班級讓我能夠撐完這整個星期，能夠跟和我一樣的人一起相處對我的幫助很大。」

要能夠達到資優資源班的效果需要一般班級的導師和資源班導師合作才行。如果雙方不合作，學生可能會被處罰補做他不在班級上課時所錯過的功課。而且，班級導師可能不知道資優學生的需求，認為他應該要把資源班的成功活動和每位同學分享。除非資源教室的活動在學術上具挑戰性，要不然這個方法就會遭致批評[21]。因此，這個抽離的課程必須不只是讓每位學生受益的充實活動，為了讓資源教室被其他教師所接受，必須要包含更高階的思考技巧和在學術上更為嚴謹。資源教室必須要為資優學生的學習需要設計不同的課程。

因為今日學生換教室上課屬於常態，現在教師較不會認為抽離式課程像幾年前一樣如此的干擾。學生離開教室尋求演說治療，或是在閱讀上接受指導，或是接受單獨的音樂課程；其他人則是在教室接受主流的課程。資優課程只占有每天的一堂課或一個星期半天的時間。

然而，抽離式課程可能會帶來另一個議題。有些高成就的學生（和他們的父母）想要知道為什麼他們不能參加這個特別的課程。「我很聰明。」學生說。「我的兒子在數學和閱讀表現的百分等級

---

21 Cox, D. (1985). *Educating able learners*. Austin: University of Texas Press.

高達 99，」家長說，「為什麼他不能參加資優課程？」

　　首先，家長和學生必須了解，資優課程並不只是為「聰明」的孩子而開設的。在所有的班級都有聰明，甚至非常聰明的學生。資優教育說的是「適合」，也就是提供「以不同方法學習」的學生有助他們學得更好的課程，就像學校提供給學得較慢的學生特別的課程一樣。聰明的學生適合一般的班級，並可以於其中表現傑出。但是如果讓他們上資優課程，他們反而可能因為適應不良而造成不好的影響。資優學生適合在一個學習機會比較深入、比較寬廣，而且想法和概念可以快速被了解的教室上課，他們也可以在其中表現傑出。他們需要一個擴充的課程來滿足需求。

　　其次，教師可以幫助家長了解能力和成就之間的差別。高成就者未必是資優生，而資優生也未必是高成就者。成就測驗指出的是一個孩子所知道的和他可以做到的。能力測驗則試圖了解推理、問題解決和創新思考的能力。舉例來說，一個聰明的小孩在成就測驗的百分等級可能是 98，然而在能力測驗中卻遠低於此。很顯然地，這個孩子十分聰明，但並不資優。一個資優兒童通常在兩個測驗的表現都十分傑出，但是一樣的資優孩子卻可能在成就測驗上所得到的分數相當低。資優兒童有時在成就測驗表現不好的原因是他們無法配合課堂上要求的規定和機械式的學習活動，因此無法以測驗要求他們表現的方式獲得高分。或是有時他們過度分析測驗的題目，以至於沒有辦法回答是非題和選擇題。然而，這些學生在能力測驗的表現都十分搶眼，而且他們的獨立作業顯示出獨創性和創造力。

教師和家長可能會對這兩種測驗的差異感到疑惑。「傑森怎麼可能是資優兒童！」他的導師說，「他在班上都不做作業，而且他的閱讀和地理都不及格。」

　　但是事實上，傑森在能力測驗的表現顯示他是個資優兒童，而且關於他的低成就表現可能有一籮筐的原因。一位受過資優教育訓練的專家可以幫助傑森找出激勵他學習的動機。

　　然而，因為鑑定資優的方式不盡完美，所以總是有一些資優學生被遺漏而不能進入資優班。家長和教師需要一起合作去了解高成就的學生是否符合資優標準。當家長認為自己的孩子可以進入資優班時必須要蒐集證據，以便在家長會時或是自行要求和教師見面時提出。也許孩子根據在英語課所學習到的知識寫了一個電視劇本。也許他比同學要早學會乘除的算法。家長可以和教師討論孩子對於求知的渴望，這也許是教師沒有發現的。教師應該要對於家長所提出的觀察保持開放的態度，並且對學生做測驗。

　　有些學校對於資源班的課程態度比較彈性。他們不要求學生必須符合嚴格的鑑定標準。其他的學校則要求學生必須達到一定的測驗分數才能參加資優課程。標準的訂定是地方性的選擇，但是家長有權知道標準何在。有時候是由兒童研究團隊依照對學生最好的方式做決定。

　　良師典範制提供社區一起參與資優教育的機會。一個完整的良師典範制通常發生在高中階段，但是也有些教師在小學和國中階段使用簡單、短期的良師典範制——或是「貼身學習」（shadowing）——

一就達成很好的效果。

有很多方法可以建構良師典範制方案，但不論如何，良師典範制非常具有價值。舉例來說，在一個學區中的高中實行良師典範制的方案，尋找從事學生有興趣行業的成人與其配對。學生因此對於這個職業的實際狀況有所了解，不論他是否希望將來從事這個行業，都是在充分了解下所做的決定。參加這個方案的學生在畢業後接受調查皆指出，良師典範制是他們高中生活中一個最有價值的經驗[22]。

拉緹莎參加了一個職業取向的良師典範制。拉緹莎的父親是地方醫院的一位技術人員，而她在科學探究上亦有天份。她決定研究醫院的兩個等待區域是否乾淨：醫院大廳和急診室的等待區。

在醫院的同意下，拉緹莎與一位和父親同實驗室的科學家一起工作，他教她科學方法和如何進行實場實驗（field experiments）。於是她開始了她的研究，從以上兩個等待區的幾個地方採集了一些培養菌。在這位科學家的幫忙之下，拉緹莎在實驗室中觀察了菌種的發展，鑑定出試管中成長的菌種，並且在報告中記錄她的發現。她驚訝的發現這兩個等待區受污染的情形低於她的假設。對她和她的班級來說這是一個很迷人的學習，醫院的行政單位也很讚賞她的研究。報紙也刊載了這件事。

獨立研究讓學生在教師或特別方案的良師督導下進行獨立工

---

22 Reilly, J. (1992). *Mentorship: The essential guide for schools and business*. Scottsdale, AZ: Gifted Psychology Press.

作。它讓學生去追求他們感興趣的領域，並提供機會讓他們發展自我引導學習的技巧。想要解決真實世界問題的學生可以被引導至設計獨創的品牌和解決方法。他們通常可以將他們的發現呈現給合適的觀眾。獨立研究應該要有結構並由教師監督。在高中階段，它可以讓學生因此得到學分。

資優教育實施的地點

我們可以以各種方式提供學生上述的加速制和其他的課程擴充。在一些學校中，資優學生唯一可以得到服務的地方是他們的教室。雖然大致上來說這不是最理想的狀況，如果教師可以搭配各種教學方式，像是成群分組、濃縮課程、學習合約、獨立研究、原創性的研究，以及良師典範制，如此一來，正規教室也會是個令資優學生感到興奮的學習環境。

無論是在正規教室或其他地方，教學方式都可以各種方式建構：一個有不同課程和成群分組的正規教室、獨立性的資優班、有學生抽離和分組的正規教室、分組教學的跨年級班級、榮譽班，以及進階預修班。在光譜的另一端是特殊課程：以特殊訓練組成的學校，像是藝術和科學，以及提供給高度資優學生的濃縮課程。這樣的組合不會有止盡。一個具有堅強資優課程的學區將會提供資優學生各種不同的選擇。

指導性學習計畫

指導性學習計畫訂定目標、學習對象和其他因素來確保資優學生可以從一個最理想的經驗受益。這個計畫讓實施和監督孩子需要的各種特殊化介入變得容易。

通常兒童研究團隊會召開會議以擬定計畫。這個學校的團隊發展出可滿足學生需要的計畫，其中成員包含諮商師或學校的心理師、行政人員和一或多位教師。大部分的時候，團隊會在第一次開會時決定孩子的日常作息計畫，之後的會議中，會向家長說明計畫和其訂定的理由，並徵求家長的意見。重要的是，並不是每個資優兒童都需要這樣深入的計畫。

讓孩子對任何擴充或是加速的課程選擇表達意見會有幫助。資優兒童有能力參與會影響他們生活的決策過程，讓他們參與也有助於增進他們自我導向和做好判斷的內隱技能（tacit skills）。參與這件事讓他們感到可以控制自己的部分生活，而這樣的控制感也可以長期防止他們在情緒上和行為上發生問題。顯然的，成人會主導整個過程，但要盡可能把孩子的觀點納入考量。

指導性學習計畫的元素

指導性學習計畫應該描述出：
- 顯示孩子的需求沒有被標準課程滿足的行為或證據。
- 可以讓孩子退出他早已精通的課程之實施策略（測驗？濃縮課程？單科加速？跳級？獨立研究？良師典範制？）
- 可以選擇符合孩子需求的額外方法、材料、經驗或其他服務。
- 已經發生的結果和預期實施此計畫會發生的結果。

此計畫中須加入教師的筆記、諮商師的觀察和父母的意見。每年都要重新審視這個計畫，如果需要的話，可以更頻繁些，以確認孩子對於這個教育介入的回應是否合適，並訂定下一年的計畫。這個計畫需要兒童研究團隊和家長的簽名同意才能實施。

指導性學習計畫的樣本

日期＿＿＿＿＿＿＿＿＿＿＿

學生姓名＿＿＿＿＿＿＿＿　學生的地址＿＿＿＿＿＿＿＿＿＿

性別＿＿＿＿　生日＿＿＿＿　學校＿＿＿＿＿＿＿＿＿＿

目前就讀年級＿＿＿＿　成績點數與學分的加權平均值（grade point average）*
　　　　　　　（如果合適的話）＿＿＿＿＿＿＿＿＿＿＿

學生學習計畫成員：＿＿＿＿＿＿＿＿＿＿＿＿＿＿＿＿＿＿

＿＿＿＿＿＿＿＿＿＿＿＿＿＿＿＿＿＿＿＿＿＿＿＿＿＿＿＿

校長＿＿＿＿＿＿　導師＿＿＿＿＿＿　家長或監護人＿＿＿＿

其他（例如資優教育專家、心理師、諮商師）＿＿＿＿＿＿＿

計畫協調者＿＿＿＿＿＿＿＿＿＿＿＿＿＿＿＿＿＿＿＿＿＿

特殊能力領域（在有的領域方格打勾並說明學生如何展現其特殊的能力）

□數學　　　評語：＿＿＿＿＿＿＿＿＿＿＿＿＿＿＿＿＿

□閱讀　　　評語：＿＿＿＿＿＿＿＿＿＿＿＿＿＿＿＿＿

□社會研究　評語：＿＿＿＿＿＿＿＿＿＿＿＿＿＿＿＿＿

□科學　　　評語：＿＿＿＿＿＿＿＿＿＿＿＿＿＿＿＿＿

□藝術　　　評語：＿＿＿＿＿＿＿＿＿＿＿＿＿＿＿＿＿

□音樂　　　評語：＿＿＿＿＿＿＿＿＿＿＿＿＿＿＿＿＿

□其他　　　評語：＿＿＿＿＿＿＿＿＿＿＿＿＿＿＿＿＿

能力測驗表現

魏氏兒童智力量表（WISC-III）　　　分數＿＿＿　日期＿＿＿

比西智力量表（Binet 4）　　　　　分數＿＿＿　日期＿＿＿

伍考克—強生認知能力量表　　　　分數＿＿＿　日期＿＿＿

奧雷學校能力測驗　　　　　　　　分數＿＿＿　日期＿＿＿

認知能力測驗　　　　　　　　　　分數＿＿＿　日期＿＿＿

斯洛森智力測驗（Slosson Intelligence Test）分數＿＿＿　日期＿＿＿

其他＿＿＿＿＿＿　　　　　　　　分數＿＿＿　日期＿＿＿

*譯註：在台灣，學業成績的計算是採百分點制（即零分到一百分），在計算 G.P.A.時須先將百分點的分數換算成等級點數（grade point）。

指導性學習計畫的樣本（續）

成就測驗表現

愛荷華基本能力測驗　　　　　　　　　分數＿＿＿＿＿　日期＿＿＿＿＿

加州成就測驗　　　　　　　　　　　　分數＿＿＿＿＿　日期＿＿＿＿＿

伍考克─強生成就測驗（*Woodcock-Johnson Achievement Scale*）

　　　　　　　　　　　　　　　　　　分數＿＿＿＿＿　日期＿＿＿＿＿

史丹佛閱讀診斷測驗（*Stanford Diagnostic Reading Test*）

　　　　　　　　　　　　　　　　　　分數＿＿＿＿＿　日期＿＿＿＿＿

史丹佛數學診斷測驗（*Stanford Diagnostic Math ematics Test*）

　　　　　　　　　　　　　　　　　　分數＿＿＿＿＿　日期＿＿＿＿＿

都會閱讀測驗（*Metropolitan Test of Readiness*）

　　　　　　　　　　　　　　　　　　分數＿＿＿＿＿　日期＿＿＿＿＿

其他＿＿＿＿＿＿＿　　　　　　　　　分數＿＿＿＿＿　日期＿＿＿＿＿

你使用了什麼其他的鑑定標準來確認這個學生應該進入資優班呢？

＿＿＿＿＿＿＿＿＿＿＿＿＿＿＿＿＿＿＿＿＿＿＿＿＿＿＿＿＿＿＿＿＿

＿＿＿＿＿＿＿＿＿＿＿＿＿＿＿＿＿＿＿＿＿＿＿＿＿＿＿＿＿＿＿＿＿

＿＿＿＿＿＿＿＿＿＿＿＿＿＿＿＿＿＿＿＿＿＿＿＿＿＿＿＿＿＿＿＿＿

已針對這個學生目前的課程做了什麼調整？（在有的地方打勾並做進一步的說明）

□獨立研究　　　　　評語：＿＿＿＿＿＿＿＿＿＿＿＿＿＿＿

□成群分組　　　　　評語：＿＿＿＿＿＿＿＿＿＿＿＿＿＿＿

□良師典範制　　　　評語：＿＿＿＿＿＿＿＿＿＿＿＿＿＿＿

□提早入學　　　　　評語：＿＿＿＿＿＿＿＿＿＿＿＿＿＿＿

□濃縮課程　　　　　評語：＿＿＿＿＿＿＿＿＿＿＿＿＿＿＿

□單科加速　　　　　評語：＿＿＿＿＿＿＿＿＿＿＿＿＿＿＿

□跳級　　　　　　　評語：＿＿＿＿＿＿＿＿＿＿＿＿＿＿＿

□優先進入資優課程　評語：＿＿＿＿＿＿＿＿＿＿＿＿＿＿＿

班級的類型＿＿＿＿＿＿＿＿＿＿＿＿＿＿＿＿＿＿＿＿＿＿＿

安置的日期＿＿＿＿＿＿＿＿＿＿＿＿＿＿＿＿＿＿＿＿＿＿＿

□遊學經驗　　　　　評語：＿＿＿＿＿＿＿＿＿＿＿＿＿＿＿

□校外課程　　　　　評語：＿＿＿＿＿＿＿＿＿＿＿＿＿＿＿

指導性學習計畫的樣本（續）

準備就緒

根據以下問題從 1 到 10 擇一圈選最適合的數字（10 為最高分）

這個學生按時上學並完成作業嗎？	1 2 3 4 5 6 7 8 9 10
這個學生歡迎學業上的挑戰嗎？	1 2 3 4 5 6 7 8 9 10
這個學生和其他同學與老師的關係好嗎？	1 2 3 4 5 6 7 8 9 10
這個學生不管是在學校或離開學校的行為都適當嗎？	1 2 3 4 5 6 7 8 9 10
這個學生投入學校的生活嗎？	1 2 3 4 5 6 7 8 9 10
這個學生是領導者嗎？	1 2 3 4 5 6 7 8 9 10
這個學生對於進資優班期待嗎？	1 2 3 4 5 6 7 8 9 10
這個學生父母希望他進資優班嗎？	1 2 3 4 5 6 7 8 9 10

用以監督學生進展的預期結果與測量

_____

_____

_____

對於這個學生進一步的建議

_____

_____

_____

權宜之計的解決問題方法不可行

提供資優學生不同的選擇時最重要的是他們一直在進步。要提供簡單、拼湊而成、還宣稱符合資優兒童需求的活動是件很簡單的事。舉例來說，十歲的法蘭西絲卡每個星期四都去資優資源教室上課。那樣很好，但是法蘭西絲卡在星期一、星期二、星期三和星期五也是資優的，在教師無法督導她的週末時，她也一樣資優。

關心法蘭西絲卡的成人需要做的是商談、協調和計畫，以確使她的資優經驗不只是一個無聊禮拜的暫時休息和能力的未充分利用。她的導師必須每天提供擴充課程和「離開大傘」的經驗。導師必須和法蘭西絲卡的父母和資優資源班的教師有很好的溝通，以持續提供符合需求的課程，並能監督她的進展。這需要花費一些時間和努力，但絕對值得。

這真的是資優課程嗎？

學校可能對外宣傳有提供資優學生特別課程，然而在進一步調查後卻發現有違事實。一個好的資優課程必須具備以下條件：

- 一個學習被認為有價值的智力氛圍（intellectual atmosphere）。

- 學生對於學習主動投入並表現熱切。
- 課程符合學生發展上和學業上的準備；作業的差異化符合個別的需要。
- 獨立的學習和獨立的方案。
- 問題解決和開放式的任務，以及更高階的思考。
- 創造力和擴散性的（divergent）思考（而不是一個簡單的正確答案）。
- 提供學生做研究和日常作業所需的科技設備。
- 提供學生全面性的課程，而非單一內容的環境。
- 學生學習去理解和欣賞自己與他人。
- 學生有機會接觸更多的學習，包括職業和大學的選擇，以及未來可能的研究領域。

此外，家長們會發現學校和學區擁有：

- 受過資優學生特殊需求的訓練的教師。
- 了解資優學生的需求並支持這些需求的全體教職員。
- 包含幾乎和學校及學區中不同文化和社經比例一致的資優學生。
- 藉由提供課程經費來支持資優學生特殊需求的學校董事會。
- 對資優學生的家長持開放態度和歡迎的學校。

第七章

做選擇：
怎樣對你的孩子最好？

給資優學生的成功解決之道

　　在前一章所提到的所有選擇代表了一個學校或教師在資優教育中對彈性的信奉。這種彈性幫助資優學生發揮他們的潛力。但是你如何知道怎樣的方式最適合你的孩子，什麼時候該做調整？以下的資訊會給你一些指示。

▧ 濃縮課程

家長應該知道的事：濃縮課程讓已經精熟正規課程技巧與觀念的學生可以經由測驗而了解不必繼續課程。然後他們可以使用額外得來的時間去研究適合他們學業能力的主題和活動。舉例來說，如果艾美早已讀過文學課中教的一首詩並且表現出精熟所需的字彙和寫作技巧，她就可以不必再讀這首詩及完成相關的作業。取而代之的，她的作業是要去比較同一位詩人所寫的兩首詩之不同，或者寫一篇關於兩首寓含同一主題的詩的報告。她的作業比起班上其他人的作業更有深度和複雜度。

為了確定可以使用濃縮課程的人選，教師在教授課程單元前先對學生施測，了解他們對於此單元的了解程度。已了解此課程單元的學生即可以繼續下一單元的學習。並不是所有通過測驗的學生都是資優學生，而且有時學生可能在某個領域表現很好，其他卻不佳。

康乃迪克大學的國立資優研究中心（University of Connecticut's National Research Center on the Gifted and Talented）的研究員曾發現，濃縮課程在範圍廣大的教室環境是可行的，而且對於教師和學生都會產生正面的結果。這些研究員發現，藉由對資優學生進行前測，教師最多可以減少百分之四十到五十的課程，包括數學、自然、語

言藝術和社會研究，而不會對資優學生產生不利的影響[23]。

　　最適合濃縮課程的學生：濃縮課程對抗拒重複和已經證明他可以繼續下一個學習單元的學生很重要。對於只是對訓練沒耐心的學生則不見得有益。學生在想要以更快的速度學習之前必須先展現他們對於觀念的了解。對於想要獨立工作的學生，濃縮課程十分具有吸引力。展現對於現有課程的了解是通往獨立作業的入口。

　　如何判斷濃縮課程是否有效：當它有效的時候，學生能夠持續做自己被要求的工作並理解更進階的觀念。如果學生無法持續工作或是突然表現出困惑的樣子，那麼他可能就是無法負荷了。

　　如果沒有效：這可能是前測的標準不夠精確，讓不適合參與濃縮課程的學生進入了課程調整的選擇。此外，有些學生在通過測驗之後變得懶惰，並決定不要花必要的努力來得到濃縮課程的好處。這些學生通常在有動力之後又表現的傑出，例如一個鼓勵性質的獎勵。理想中，孩子的動機應該是由內在發出，但是有時候家長或教師需要提供額外的鼓勵或刺激。

　　最後，如果同時提供學生大量的新材料，有些學生會暫時變得焦慮和不知所措。如果這些工作是以比較少的數量出現，這些孩子就會冷靜下來。如果你看到孩子對於新課程的介紹變得緊張和急躁，和教師商量該如何處理。

---

[23] Reis, S. M., et al. (1993). *Why not let high ability students start school in January? The curriculum compacting study* (RM93106). Storrs, CT: National Research Center on Gifted and Talented, University of Connecticut.

成群分組

家長應該知道的事：如同在第六章所提到的，成群分組有兩種形式：(1)根據特定領域的興趣和能力所彈性產生的小組，主要是在常規班級中進行；(2)跨年齡組成的小組，組成的目的是要滿足許多教室學術上的需求。有時候小組的成員只有資優學生，有時候則只包括在某一特定領域有天賦的學生，和相似的同學一起學習對他們很有助益。

從孩子一起在各種形式的學習方案中努力的區別出「高能力」的小組十分重要。雖然有些研究指出小學資優學生參加這樣的團體不會對他們有不利的影響 [24]，其他的教師報告卻指出，不同程度差異的合作學習小組中的資優成員負擔比較多的工作，而能力較差的孩子則樂於讓資優學生做較多的工作。資優學生可能會怨恨在這樣的小組中負擔比較多的工作。

如果成群分組只是在完成和其他同學所做的相同工作，那麼這樣的小組對於資優學生就沒有什麼幫助。取而代之的是，成群分組

---

[24] Kenny, D. A., Archambault, F. X., Jr., & Hallmark, B. W. (1995). *The effects of group composition on gifed and non-gifed elementary students in cooperative learning groups* (RM 95116). Storrs, CT: The National ResearchCenter on the Gifted and Talented, University of Connecticut.

必須提供較多和／或不同的機會；學生受到必須傾全力的活動和觀念所挑戰。成群分組應該要提供資優學生各種不同的充實和／或加速選擇[25]。

最適合成群分組的學生：它能夠使需要學習更深入、更複雜的主題和能夠成為小團體一分子的學生受益。不是所有在資優群組的學生都必須是資優學生，有一些學生可能是在一特定領域表現傑出，且受益於這樣的安置。

如何判斷成群分組是否有效：這個小組是有目標且任務導向的；它能夠自行矯正那些不堅守崗位的人。

如果沒有效：仔細觀察會發現資優學生不會在每個團體都堅持「領導者」的角色。教師要謹防資優學生總是被要求在團體中當領導者。在開始以小組工作之前，教師必須詳加說明每個人在小組工作中擔任的角色。分派角色會有幫助。舉例來說，小組中的一個學生負責錄音、記筆記和寫報告；另一個學生則是負責蒐集這個工作所需的相關資料和書籍；第三個學生則擔任整個計畫的負責人。其他的學生執行研究、設計說明研究發現的圖表，或是做課堂上的報告。

如果學生不堅守崗位，到處遊蕩，或是不完成作業，教師應該

---

[25] Rogers, K. B. (1991). *The relationship of grouping practices on the education of the gifted and talented learner* (RBDM 9102). Storrs, CT: The National Research Center on the Gifted and Talented, University of Connecticut.

要改變鑑定的標準，或是改變和小組互動的方式。他應該要提供更多實用的指導，直到孩子能夠發展出更有效的合作技巧。

獨立研究

家長應該知道的事：獨立研究讓學生有機會在自己有興趣的主題上深入研究，並且把焦點放在孩子的特殊需求和學習風格上。如果孩子喜歡主題明確的方案，那麼研究就應該是以方案為基準；如果學生喜歡數學，數學活動就應該自由分散在整個獨立研究的過程中。獨立研究雖然給予學生自由，但也需要有好的架構。雖然學生對一個學科有濃厚興趣，但是對於某些任務可能沒有什麼經驗，像是資料蒐集、分析和展現。教師要提供這些技巧的指示，簡要說明研究的步驟，設定完成不同階段的最後期限。學生和教師之間的學習合約對於使獨立研究上軌道很有用。獨立研究的結果通常由其他學生或是校外的專家以某種形式的公聽會來做評估。

最適合獨立研究的學生：獨立研究適合會自動自發學習的孩子、需要最小限度指導的孩子、獨立研究時很守規矩的孩子，以及對於必要研究有動機和策略的孩子。因為獨立研究需要獨立的成熟度，它通常對於年紀較大的學生比較有益。

如何判斷獨立研究是否有效：學生堅守崗位、保持專注，並且開始有想法和計畫。看起來全神貫注在目標上，並享受發現的喜

悅。

如果沒有效：教師會在獨立學習方案上給予更多注意力和架構。學生要更頻繁的向老師報告，如果需要的話學生會接受更多的額外指導。如果效果還是不佳，可能會以群組的方式代替獨立研究。

單科加速

家長應該知道的事：單科加速適合在學業成就測驗和在日常表現可看出他們某一學科的能力比同年級同學要高出至少一個年級的學生。這類學生可以每天有一段特定時間到高一年級的班級去上那門學科的課。

這個學科也許是數學。最基本要注意的是這個學生不需要被要求完成他早已精熟的數學作業。舉例來說，一個有能力上五年級數學的學生不應該被要求上四年級的數學課。那個時間應該被用來練習他所學習的新技巧，或是彌補他去上五年級數學課時所遺漏的功課。

在考量單科加速的家長或教師要警覺到他們所做的安排會影響好幾年。如果一個三年級的學生去上四年級的數學，那麼當他升上四年級時，他就必須去上五年級的數學，然後在五年級上六年級的數學，以下類推。當孩子年齡較大的時候，他要去上課的教室可能在別的建築物，這時就可能需要安排交通工具。如果要讓加速計畫

成功，家長、教師和孩子都需要堅持下去，並且願意在一個持續的基礎上配合調整孩子的課程。

最適合單科加速的學生：這樣類型的加速適合有能力在特定領域做進階學習的學生。雖然學生的社會競爭力——就是孩子離開原來的班級去和在他所擅長的領域中較大的孩子們一起工作的能力——的程度應該要被考量在內，但只要家長和學校支持這項方案，它就不是什麼問題。

如何判斷是否有效：學生感覺有挑戰性但不會不知所措，並且期待去別的班級上課的時間。

如果沒有效：如果學生害怕離開班級，並在加入年紀較大的團體時感到遲疑，教師可以幫他找一個特別的朋友，當作他原來班級和學科加速班級的橋樑。如果這個孩子還是很不舒服也不快樂，這個加速計畫應該要停止，教師則需要在這個學生的日常活動設計一些可以讓學生加速學習的內容。

整個年級加速（跳級）

家長應該知道的事：整個年級加速的實施條件是學生的測驗分數、學校表現和教師的評估都指出她在幾乎所有的學科都很出色，而且有適當的社會和情緒的成熟度。

最適合整個年級加速的學生：這個選擇是提供給表現遠遠超

過同年級且能夠應付成為班上年紀最小學生所產生的壓力的孩子。

只有家長和教師認為這種加速對孩子有益是不夠的，孩子自己也要這麼覺得。和學生及家長討論十分必要，這樣所有的人將會完整的了解孩子與同儕及較大年級的同學的日常互動以及家長應該要負什麼樣的責任。

這些討論內容同時也包括了「失敗」。嘗試加速方案——不管是單科或是整個年級——並認為太過困難的學生可能會認為他必須主動退出以免被認為是自己的失敗。在學生加入加速方案之前和他們諮商可以幫助他們了解他們在嘗試一件困難的事，這樣的嘗試是被讚揚的，即使他們後來覺得自己無法應付。

如何判斷是否有效：學生覺得和較大的同學在一起很舒服，不會有太多壓力，而且跟得上課業。

如果沒有效：舉例來說，比起直接跳過一整個年級，將二年級的課程濃縮到上學期，三年級的課程濃縮到下學期，這樣學生可以在兩個班級都交到朋友。當這個學年結束的時候，這個孩子將做好升上四年級的準備，而不是三年級，但是這樣的學習速度比較能同時符合他的社會和學業需求。

如果學生覺得和同學格格不入，不喜歡進階的課程安排，而且在情緒及社交上覺得受到折磨，其他的選擇如獨立研究或是良師典範制可以提供孩子智力上的刺激，又可以讓他在社交上繼續和同年齡的同儕互動。

資優資源（或抽離）班

家長應該知道的事：資優資源班是一個每週提供經過鑑定的資優學生聚在一起分享特別時光的地方。這個團體專注在一些需要更高階思考技巧的任務。這裡有充足的機會練習腦力激盪、問題解決、刺激，以及各種不同現實世界的活動和經驗。當課程安排是跨學科的並使用廣泛的主題來符合學生不同的興趣和能力，使得他們能有世界觀的思考時，這個資源教室就是最有效能的。

最適合資優資源班級的學生：擁有獨立研究和學習技能，並能依照一般性的主題連結各個學科的資優學生，從資優資源班受益最多。在資源班的資優學生通常圍繞著一個關鍵的概念或事件學習，並且在觀眾和父母的參與下發展出一個進階的最終方案。

如何判斷是否有效：學生很急切的想來上課；他們對於開啟每個學習單元的探究性課程感到興奮。他們帶來自己的資源。他們在非上課期間也會經過教室。他們告訴老師自己的想法，而這些擴展了原有的課程。

如果學生在資源班很開心，那麼父母就會在晚餐時聽到孩子的分享。父母有時告訴老師：「她整天都在說這個，這是讓她感到被接納和能夠真正學習的地方。」

「來這裡使我發現讓我感興趣的新事物，」學生說。資優資源

教室經常釋放他們對於標準課程的不耐煩，並且讓他們有歸屬感。

如果沒有效：孩子會覺得資優資源教室並不是萬靈丹。如果學生抗拒離開正規班級，並且在資優資源教室以外的時間裡對方案和學科主題沒有興趣，教師和家長就需要商談。

也許會有其他教師對於資優資源班的活動有抗拒，因為學生在這些班級可以從事一些「離開大傘」甚至離開正規班級的活動。然而，資優學生需要這樣的調整。為了讓他們有興趣和有動機，他們的教育計畫必須和他們的興趣有關。

另一個可能的問題是參加資源班的學生可能會對正規班級的活動失去興趣，因為這些課程可能是以較低層次和較慢的速度來教授的。資源教室模式最好的狀態是資優資源教師和導師之間能夠持續溝通和確認，以便監督學生在這兩個環境下的進展。導師、資優資源教師和資優教育專家頻繁的溝通也很重要。家長的回饋也很有幫助。

自足式（self-contained）的資優研討課程或班級

家長應該知道的事：有些學區在資源教室以外的地方充分利用資優教師。以閱讀或數學的日常學科課程，來代替一週一次或一週兩次的課程。資優學生參加一科或兩科。這些課程每天都滿足孩子的需求，而不是一週一次或一週兩次。這個模式提供了資優學生最

大量的服務，因為它在每天之中的一段時間把資優學生合成一組並由資優教育的教師來授課。

最適合自足式的資優研討課程或班級的學生：展現他們對於教室概念的精熟，也表現出有能力在這種形式的教導下把加速的作業做好。

如何判斷是否有效：再一次說明，學生很開心。他們把作業做得很好，和同儕相處愉快，並感受到挑戰又不至於超出他們能力所及。

如果沒有效：孩子會覺得作業太難。學生會需要資優教師一對一的指導、同儕課業上的協助、單科的加速，或是其他完全符合他的需求的課程調整。

良師典範制

家長應該知道的事：良師典範制讓孩子有機會和他感興趣或有天賦的領域中的專家一起工作。良師典範制實施時間的長度要看學生的年齡。每天一開始，學生就緊跟著他的良師，觀察他並和他發展一段短期的關係，到後來甚至可以變成大學課程的實習學分。

最適合良師典範制的學生：觀察良師的工作或是一段短期的師生關係對中學生十分有用，而長期的師生關係則對高中生比較有用，因為他們已經開始認真思考將來要從事的工作領域。良師典範

制對於表現低於預期的資優青少年也很有用，因為這些孩子常看不
到學校作業和現實之間的關係。要使良師典範制發揮作用，學生必
須要能夠在成人的工作環境適當的發揮功能。他們應該要學習服裝
和工作場所的禮儀，以免顯得漫不經心。因為事關成績和學分，學
生可能會被要求要呈交履歷表、參加面試、並記日誌來記錄他們的
工作經驗和觀察。教師要定期和學生協談以幫助他們評估經驗並將
之連結至未來的生涯選擇或是大學的研讀領域。

　　如何判斷有效：當學生和良師都覺得自在，學生問問題並得到
解答，學生完全並仔細地完成作業，就表示良師典範制進行的很成
功。良師典範制不應該是做做雜事的工作，要給學生一個真實的學
習經驗，在安置上就應該要有深度和主旨。

　　如果沒有效：如果學生必須要苦心相勸才能完成作業，或是他
們告訴你他們和良師合不來，可能就需要做改變，不管是換一位良
師，或是改成獨立研究。但是在做任何決定之前，家長和教師都應
該試著決定如何讓這個經驗更有意義和更具挑戰性。

現實檢驗（reality check）

　　說實在的，面對這麼多的班級、有限的時間和政府的命令，教
師很難挑選出以上所有的選擇。他們不可能在每天的授課中去分析
三十或更多學生的個別需求。然而，一年之中也不是真的會有很多

資優學生需要特別的安排。幫助學生擴展她的學習需求是值得的，而且如果學生充實和快樂，教師也會感到欣慰。適當的安置資優兒童會讓孩子更快樂，教室的氣氛也會更輕鬆。身為資優兒童的家長，你也許應該技巧的讓教師知道多給你的孩子一些個別關注的優點。

不要說：「如果你多注意柏特一些，他會比較乖一點。」試著說：「我們發現在家裡如果我們問柏特他想學什麼或做什麼，他會告訴我們，然後我們就可以一起討論和開心的做這個活動。」

所有的好老師會將基本的課程調整到一個程度。他們知道學生需要額外的練習，並會設計好方法讓學生能夠得到。教師藉由將害羞的學生組成小組來鼓勵他們；他們給予早熟的孩子更多的責任。他們提供學習中心、競賽、實務經驗、參訪活動和使用電腦的機會。好的教師也允許學生在教室中移動，去從事個別的活動，因為他們發現當有能力的學生（無論資優與否）神遊四方的坐在課桌椅上等待別的同學趕上進度是一件十分浪費學習時間的事。允許有彈性的選擇重新抓回了浪費的時間，鼓勵孩子從事有意義的學習。

資優學生的教師必須要多做一些，讓課程的可能性更加寬廣，也給予在智力上發展比社會和情緒能力快的孩子多一些注意，協助他們管理自己的情緒。

顯然地，有很多彈性的選擇讓孩子可以追隨自己的興趣，而不是做父母或教師要求做的事。家長和教師要記住的是，滿足資優兒童的需求對孩子的成長和幸福是很重要的，而且在孩子的一生中，不同時間會需要不同的教育選擇。最好的選擇永遠是根據孩子的需

要而來，而這樣的選擇會隨著孩子的成長和發展而改變。

　　舉例來說，成群分組可能在小學時實施的效果很好，而資優高中生已具備更好的準備度和成熟度，因此能從良師典範制成獨立研究中學到很多。況且，一個每天接觸一百五十個甚至更多學生的高中教師很難幫助學生成群分組。當在挑選適合的選擇時，家長和**教師保持聯繫**尤其重要，如此雙方可以一起觀察孩子行為的變化以了解這個彈性的延伸活動是否恰當。

誰需要負責？父母和教師的角色

　　教師（至少同一層樓辦公室的教師）必須彼此溝通，討論這些有特殊需求的學生。如果比利的一年級老師將要同意他濃縮數學課，二年級的老師就需要知道這件事，因為這關係到她明年在比利的**數學教學**上所要處理的細節。一年級的老師以不公開的態度處理這些活動對比利和二年級老師都不公平。她必須要和之後會受這個決定影響的人分享這個計畫，也要和校方的行政人員溝通。

　　依照規定，教師不會自己做課程擴充的決定。學生學習計畫將會監督比利的進展至少一年，以決定時間到時要做什麼安置。比利的父母也是決策過程中不可或缺的一部分。團隊中所有成員規律和頻繁的溝通，是讓孩子在年級和階段的轉換銜接臻至完美的關鍵。

　　承認孩子在特別的彈性方法中沒有受益並不算是失敗。教師只

是需要做一些調整或是嘗試別種方法。不會有一種通用於所有孩子的方法；教學藝術中的一部分就是配合孩子調整有效的教學策略，考慮到孩子的需要和準備度。當教師在嘗試不同的選擇和方法時，家長應該要給予教師支持。

教師將嘗試過的策略做一些紀錄會是個好主意。如果因為某些原因教師未將資訊傳給國中和高中的輔導老師，父母可以提供一些必要的資料。如果學生因為搬家而轉學，父母的紀錄就會十分有用。因為國中和高中的教師要面對的學生數量比較多，因此他們可能無法對學生做詳細的紀錄。有時候，家長就有責任去確認他們的孩子沒有銜接的問題，也不至於處在不適當的教室環境中。

下一頁的案例簡單說明了杰克在這個計畫中的發展情形。當他從國小跳級到國中，他的紀錄跟著他從國小一起到國中。但是因為他的母親十分了解杰克的長期課程計畫，她就能夠協助教師和諮商師，並讓學校更能夠適當地安置杰克。

在夠幸運能有資優教育專家的學區中比較容易實施長期的計畫，因為專家促進教師與家長、年級和學校的溝通。然而，隨著家庭日益增加的流動和一些學校缺乏受過訓練的專業人員，有些時候家長，像是杰克的母親，會變成他們孩子進行中彈性計畫的主要代言人。

短期資優課程比起和孩子課程無關的快速解決方案好不了多少，也沒有什麼效果。提供給孩子的選擇應該要全方位考量他們的教育——一個持續的大範圍計畫，而這計畫提供孩子學校中整個課程最理

想的學習和彈性。

　　資優學生是一個不一樣的群體。一個加速的策略不會適合每個
學生；為了要讓這些學生有機會成功，資優課程必須提供各式各樣
的課程擴充選擇。以下兩個個案研究顯示出一個學區如何符應兩個
非常不同的學生的需求。

一個資優孩子的成長：杰克

幼稚園中班：資優專家經常性的和杰克的父母及教師商談，了解杰克在班級中是否有接受適當的擴充活動。

三年級到六年級：因為杰克的數學成績非常好，教師安排他單科的加速。在三年級時，他被安排到五年級上數學課；到了四年級，他學的是七年級的數學。到了五年級，他繼續上八年級的課。他在六年級的時候完成了國中的數學學業。這樣彈性的加速需要他的導師、其他的小學教師和中學的數學教師的合作與溝通。在六年級的時候，他也研讀了學業性向測驗（Scholastic Aptitude Test, SAT）的指南，並做了一些數學和語文的練習測驗來了解他在數學上的技能層級。

四年級到八年級：一直到八年級，杰克每週會有一個全天去資優資源教室。在這個教室裡與其他學生一起學習經濟、在實驗室做實驗和建築課程，這些經驗擴展了他在數學特別的能力。在這個教室中，他同時接觸了戲劇、古代的公民制度，並增進了他的簡報能力。

六年級到八年級：在全州的國中數學競賽中，杰克有兩次得到第二名，並有一次得到第一名（不是所有的孩子都喜歡這種競賽，可是杰克樂在其中）。

九年級到十二年級：杰克將他在加速方案和資優課程中所學到的加以運用。他修了一些大學預修課程，並加入戲劇社、田徑隊，以及學生自治組織。他在學術性向測驗中得到高分。他獲准進入幾所頂尖的大學並且在其中一所有名的大學繼續他的研究，他現在就讀三年級。

一個資優兒童的成長：露西

二年級到五年級：露西的智商高達 160，是一個在同儕間十分內向和害羞的孩子。她的裝扮總是很隨性，也常衣衫不整的，因為她總是在想著別的事情。她每一科的表現都十分傑出，但她對於自己的表現總不多談。因為她被認為在社交上發展不成熟而且學校沒有跳級制度，所以她只是參加單科加速的方案，在閱讀和數學這兩科比同學高兩個年級。她完成了幾個獨立研究的方案並參與一些生涯規畫活動。身為一個認真的學生，露西做了比班上所有同學更多被要求做的事。舉例來說，如果老師在課堂上提到另一位同學可能會有興趣的書，露西會盡快的趕到圖書館，把這本書從頭到尾看完。因為她誤以為老師隨意的評論是交代作業，因此每天都花了好幾個小時在並沒有真正交代的「作業」上。她因為強加在自己身上太多事而感到精疲力盡：她的父母和老師必須告訴她，介紹一本書或一個展覽並不代表她一定得去看那本書或那個展覽，而給其他同學的建議也不援用到她身上。

六年級到七年級：仍舊是參加單科加速，露西現在有了一個社交上的覺醒。在過去，她忽略了和她同齡的同儕，現在她希望在每個地方都像他們。她打扮的像其他女孩一樣，聽她們最喜歡的樂團的音樂，讀青少年的雜誌，想盡各種辦法讓自己和她們相稱。然而，她就是和她們不相稱。她在學業上比她們高兩個年級，在她的興趣上更遠超過她們。在她的內心深處，她真的不在乎同齡的女孩流行什麼和喜歡什麼。她喜歡音樂，但不喜歡搖滾樂。露西陷入了精神上的沮喪狀態，父母發現後立即尋求專業的協助。

八年級：露西懇求提早入學到高中。「我沒辦法再回到國中了，」她哭著說。「我知道他們將要教給我的每件事，那些小孩又這麼不成熟。我知道我能應付高中課業。請讓我試試看。」

（下頁續）

（續上頁）

因為露西的堅持，她的父母、老師和諮商師檢視了她的作業、她的測驗分數和她的家庭狀況，她們決定幫露西申請提早進入高中。露西的學區從來沒有發生過這樣的事，但是在面對一群相信露西的能力和露西自己的人時，校長和督學們破例同意讓露西試試看。

十年級：露西在高中的環境如魚得水。她可以自由的在許多不同科目中做選擇；她參加樂團，也是學校唱詩班的伴奏。她同時也修了大學的預修課程。在高中的最後一年，她成功的申請到一所鄰近她家的知名大學。她畢業的時候獲得了許多大型的獎學金，現在在離家很遠的一所大學修習音樂理論和作曲。

第八章

學習合約：
內容及其實施方式

學習合約的價值

　　如果孩子從學校回來告訴你說，他和老師簽了一份合約，別緊張，他並不是答應老師勞動服務，或是要你提供學校接下來五百次的餅乾義賣。學習合約只不過是老師與學生之間（有時加上家長的參與）達成的協議，合約不只對資優孩子有所幫助，對各類型的學生——學習困難、需要一步一步指導與幫助的學生；需要父母與老師特別注意與監督的學生；正在學習新技能的學生——也都有所幫助。

對資優孩子而言，合約通常是學生和老師用以管理學習的工具。合約上會記載老師在允許學生參與擴充活動前，必須完成與評量的事情，同時也可能會列出擴充課程的選擇。

合約是相當有用的工具，因為它除了提供資優孩子獨立工作的領域之外，也提供了可資遵循的路徑。以合約作為擴充選擇時的運作方式為：學生探究某特定單元的學習要求為何、有哪些選擇性活動、他們必須要做些什麼才能獲得實行選擇性活動的特權。當他們選擇要簽訂合約時，合約對他們想要如何擴充自己的課程事實上沒什麼限制。合約幫助他們對自己想要從事的學習活動負責。簽約時的一項重要副產品是讓學生學習和練習溝通協商的技巧，同時對學習過程更有參與感。

因為合約是由老師和學生雙方簽署（而且應該讓父母過目），你就不用再聽到「可是老師不是那樣說」的爭論了。合約讓資優孩子上了一堂現實世界的課，他們很快地發現，現實生活中，老師和父母可以強制執行簽署合約中的協議。

對資優孩子而言，合約在設定限制方面特別有幫助，因為資優孩子對學習如此地急切與好奇，他們常常想要立刻學習每件事，因此很容易就分散注意力，一個計畫接著一個計畫進行，當他們的雷達螢幕上跳出另一件更新奇的事時，就放棄先前的活動。合約能幫助資優孩子一次專注在一個領域上，而這項技能對他們的學習進展以及在將來的工作路途上都是相當重要的。

合約對父母也同樣很有幫助。首先，合約可以減少親子之間關

於每天溫習功課時間的爭議。當你看到孩子主動積極地參與有意義的學習時，你可能就不覺得一定要設定一個嚴格的學習時間限制。這對於一個不需要像一般兒童每天晚上重複練習同樣觀念的資優孩子來說，不啻為一大解脫，你也可以鬆口氣，因為回家功課不再是你倆的戰場了。

父母有時會擔憂孩子似乎太投入他所選擇的領域，而與正常的標準課程離的太遠。他們擔心孩子是否對將來的標準考試做好充分的準備，因為他們並不像其他孩子般準備考試。而合約確保了老師在允許孩子潛心於擴充活動前，孩子就已經精通基本要求，而且已經超過政府核定的課程了。

選擇性學習對資優孩子而言應該是正常狀態。通常資優孩子來到教室時就已經了解其他學生還在掙扎學習的知識了，他們需要更有意義地練習他們的知識和技能。老師應該為資優孩子調整這些日復一日的教室例行操作，就像為其他有特殊學習需求的學生調整一樣。因此，擴充學習和課程選擇對資優孩子而言應該就是正常的上課狀態。

最後，對一般教師而言，簡易合約也相當有用。當老師於行間巡視、觀察學生小組合作或獨立工作時，若是發現任何不做事的學生，就能夠溫和地指出老師—學生—家長簽署的合約條款。同時，老師如果因為生病、手術、家中急事或是專業發展而必須離開教室時，代課老師也能夠很輕易地監督合約。即使老師不在教室，資優孩子的重要學習機會仍會繼續進行。

當孩子冒險進入社區做調查工作，或向其他良師學習某種技能時，合約也是孩子與其他老師關係中的一部分。當孩子在教室情境外時，合約也是一個測量擴充選擇學習效能的絕佳工具。

發展和使用合約

合約可以是直接基於一般教案而制定的二或三欄的簡易工作表。老師通常並不需要為資優孩子另外精心設計新的教學策略；通常基本課程的擴充學習就已足夠。合約成了學生的個別教案。學生可以提供額外選擇的建議，以及和老師協調關於他們合約的參與。

合約並不需要涉及一大堆額外的紙筆作業。學生們應該自己處理作業的程序，及安排研討會來分享自己的工作成品。學生也應該負責好好保存他們的合約，如果他們把合約弄丟了，他們就必須要重複做許多工作。合約對學生而言是一次珍貴的真實世界的學習經驗，對老師而言則是一份很有幫助的工具。

為資優孩子設計的合約植基於一種對合約期滿時所預期的成果——目標和每個單元的短期目標——的了解。一旦資優孩子有了整體的藍圖後，他們就能知道自己被要求的方向，以及在單元學習結束後必須能夠演示的知識。在一個清楚描述的基礎上，資優孩子的學習就能快速進展。

舉例來說，假設單元主題是美國的移民現象。在學生能夠開始

獨立工作或小組工作前，他們需要有一些參考的架構。因此這個單元可能以一次非正式的討論作為開始，這個討論可能包括一些問題諸如：

- 什麼是移民？
- 有哪些著名的移民呢？
- 他們是從哪來的？
- 在他們抵達美國後，做了哪些貢獻？
- 移民要如何成為公民？

老師在聽到學生的答案後，就可以開始了解學生知道些什麼，不知道些什麼。老師可能會發現整班學生對移民的先備知識不足而需要幾堂基本字彙和概念的引導課程。

緊接著引導課程之後，老師可以給班上一個前測。這個測驗包括了到單元結束時學生必須熟練的題項。班上大多數的學生可能得不到八十或更高的分數，然而卻有少部分學生可以。要求這些學生靜靜坐著、重新吸收他們已經知道的知識非常浪費他們的時間和腦力。老師不應期望他們等待班上其他同學跟上進度，相反地應該立即提供一些可以讓他們參與並鍛鍊他們的挑戰。此時就正是簽訂獨立研究合約的絕佳時機。

基於課程和政府的要求，合約不能僅是一長串與課程無關的「有趣的」計畫而已，合約必須包括要求以及選擇性活動。如此一來，在學生從事選擇性活動之前，他們就可以知道自己必須完成的目標及將被評估的要求為何。例如，移民單元的要求可能如下：

- 至少以八十分的成績通過關於美國公民權及憲法的考試（幫助孩子準備公民權的考試）。
- 創造一個包括移民祖先的家庭樹（發展研究技能以及使父母涉入兒童的學習經驗）。要注意的是，如果學生是被領養的，學生可能會對這個主題很敏感而且不知道自己應該要調查哪一個家庭。如果學生表現出非常不舒服的樣子，老師可以換個主題，或和學生談談這個議題。有時候一個研討會也很有幫助。
- 設計美國歷史上不同時期移民數據的圖表（應用數學技能）。
- 研究一位祖先的祖國（使用地圖和地理的技能）。
- 假裝自己是一位移民，並寫下一篇關於移民經驗的日記（加強語言技能）。

一旦學生完成且通過這些要求的評估後，他就能自由地加上選擇性的活動，包括：

- 研究非法移民的議題。
- 創作一個著名移民科學家的發現大事年表。
- 建立自由女神像的模型。
- 學習一位祖先語言中的幾個特殊用語。
- 學習一位祖先祖國的民族歌謠或舞蹈。

這些合約要求反映出各種不同的技能。有些要求與選擇性活動強調數學與科學方面；有些強調地理或歷史；有些重視藝術或音樂；而有些則強調語言。

資優孩子通常會被合約中他們感興趣的部分或可以讓他們運用資優能力的部分所吸引。這是完全沒關係的，因為如果他們遵守合約規定的話，他們就達到了課程的要求，而他們許多選擇性活動的成品也將會是特別的。

　　以下則開始描述老師與學生間的合約樣本：

合約樣本一

　　學生在完成工作時就在此份合約上記錄點數。合約被分成兩個部分，所以對學生而言並不會太有壓迫感。對年紀較小的學生而言，老師可以將合約發展成較多部分，而將每個部分的活動減少，如此可以避免讓合約看起來像是老師在以很極端的學術重擔壓迫學生。

　　在這份合約裡包含了六十天的移民單元，學生每完成一個要求，就可獲得特定的分數。當累積到一百五十分時，他們就可以選擇一個選擇性活動。如果學校系統要求分等級的話，分數也可以用來計算等級。簽約的學生必須負責跟老師排定成果發表會，同時也要負責計算加總可以從選擇欄選擇活動的得分。

　　這類型的合約在起草和實行時比較明確易懂，同時也有使用期限。這份特定的合約只是一個例子；許多老師可能會比較想要一份沒有分數或其他外在動機刺激的合約。

協助*資優孩子*展翅高飛！家長與教師實用教養指南

合約樣本一			
學生姓名：珍麥特考夫		完成日期：	
年級：五年級	科目：		
老師姓名：羅培茲小姐			
美國移民			
第一部分			
可能得分	要　　求	實際得分	選　　擇
	研究五個家庭成員及重要家庭事件並將之記錄在「特別的人與事」書中		
	熟悉公民權的考試，自己試考看看並記錄你的得分		寫一首詩獻給移民的祖先
	完成一份家庭樹，其中要包括祖先出生及死亡的日期。將日期以大事年表的方式表現出來		完成一個入境箱，其中要包含移民入境一個國家時所需要的模擬文件
	完成一位家庭成員的錄音訪問		
	完成一份自由女神數學單的計算		製作一份地圖，從祖先的祖國到他們抵達美國時最初定居的地方
	假想一位移民並寫下對他的描述		

140

合約樣本一（續上表）			
第二部分			
可能得分	要　　求	實際得分	選　　擇
	製作一份樣本護照		製作自由女神的模型（scale model）
	研究移民型態並將移民的數據轉化成長條圖		寫一份移民錄影帶的腳本
	假扮一位移民者並寫下日記（最少七天）		素描或彩繪一幅你的家族到達艾利斯（El-lis）島的圖畫
	寫一份對家族成員的致意文（一頁）		畫一幅一艘船進入艾利斯島，包括自由女神像的透視圖
	研究一位祖先的祖國並寫出你的學習摘要（一頁）		研究過去十年來美國非法移民的議題
	參與模仿移民的特殊計畫；創造類似祖先衣著的戲服，登陸艾利斯島，並重演當初移民必經的入境程序		創作一張著名移民科學家的發現大事年表
可能的總得分		實際的總得分	
簽名：＿＿＿＿＿＿＿ 老師		簽名：＿＿＿＿＿＿＿ 學生	

合約並不需要像上述的例子一樣複雜。以下是另外兩個一樣運作地很好的獨立合約：

合約樣本二

姓名：珍妮雷納　　　　　年級：三年級　　　日期：一月十六日

教師：盛第利先生　　　　資源老師（如果有的話）：保盛先生

我想要研究的主題：強尼蘋果籽（Johnny Appleseed）

I. 我將會完成以下的要求活動：

　A.在開拓者單元的考試中，我至少要得到八十五分。

　B.我要製作一張上面標示著強尼蘋果籽在美國中西部旅行了多少里的地圖。

　C.我要用蘋果籽（apple seeds）完成一個藝術作品。

II. 我將需要以下的書來完成我的研究：

　A.《約翰喬普曼：叫強尼蘋果籽的男人》（*John Chapman: The Man Who Was Johnny Appleseed*）（Greene）

　B.《強尼蘋果籽：上帝忠實的種植者》（*Johnny Appleseed: God's Faithful Planter*）（Collins）

　C.《真實的強尼蘋果籽》（*The Real Johnny Appleseed*）（Lawlor）

III.我將會完成以下的選擇性活動：

　A.我將要學習當初強尼蘋果籽種植的各種蘋果種類的名稱，並製作一張上面標示出它們的不同點的海報。

　B.我將以錄音帶的方式來呈現一份關於強尼蘋果籽與他在旅途中遇見的美國原住民之間的關係。

　C.我將準備一份美國歷史上強尼蘋果籽在中西部旅行年間發生事情的大事年表。

（下頁續）

（續上頁）

我會運用有視覺效果的報告來分享我的成果。

我將在（日期＿＿＿＿＿＿）報告。

我將和盛第利老師在（日期）舉行兩次面談，以確保我能夠及時完成我的工作和最後的口頭報告。

簽名：*珍妮雷納*

合約樣本三

姓名：珍妮雷納

我想要研究的主題：強尼蘋果籽

I. 以下是一些我計畫要回答的問題：

    A.關於強尼蘋果籽的神話有哪些？為什麼會有這些神話呢？

    B.強尼蘋果籽將他的果園種在哪裡呢？

    C.有沒有任何果園至今還存在呢？如果沒有的話，那有沒有某一棵樹是可以追溯到他的呢？

    D.在他的有生之年，美國歷史上發生了哪些重大事件呢？

II.以下是我會用到的一些書和資料：

    A.在視聽中心的百科全書

    B.《人們叫我蘋果籽強尼》（*Folks Call Me Appleseed John*）（Glass）

    C.《強尼蘋果籽：一首詩》（*Johnny Appleseed: A Poem*）（Lindbergh）

    D.《強尼蘋果籽的故事》（*The Story of Johnny Appleseed*）（Aliki）

    E.教室裡的電腦

III.以下是我要分享我學到的知識的方式：

    以兩張海報及一張大事年表在教室報告。

簽名：*珍妮雷納*

使用這類的合約，學生會變得對自己的學習負責，定期或在他們需要幫助時跟老師面談。學習合約提升了資優孩子的獨立性與學習動機，而且給予他們控制感與有能力的感覺，而大大地減低了當強制要求他們學習那些他們早就超越的一步接一步的課程時所感受到的壓力。當壓力減輕，且提供給這些資優孩子他們應得的自由和信任時，家長及老師就會目睹這些能力卓越的孩子令人滿意的發展。這些學生非常有可能會成為終生學習的學習者。

第 3 篇

有效的教養策略

第九章

建立信任、建立關係

未預期的情緒

　　孩子剛被鑑定為資優時，家長通常會有一陣子感到興奮和驕傲。然而當最初的悸動逐漸消逝時，他們很可能會體驗到令人驚訝的新情緒，一種他們不太能理解的情緒——害怕。

　　家長的害怕通常會以提問的方式表達，例如：

- 我聰明的足以趕上我的孩子嗎？如果我不夠聰明的話，會發生些什麼事呢？
- 我應該要逼孩子學習還是要退開呢？如果不逼他的話，

孩子會變懶嗎？如果逼得太緊，是否會傷害他幼小的心靈而讓他生氣憤慨呢？

- 假如我沒有時間可以給他他所需要的一切，會怎樣呢？如果我沒錢提供他最好的教育，又如何呢？
- 為什麼孩子的情緒起伏這麼極端呢？他真的有什麼問題嗎？我該怎麼做才能使事情更順心呢？

所有家有特殊需求孩子的家長（資優孩子的家長也不例外）都有一種無法說出口的、共通的害怕感受——那就是害怕自己的孩子被認為是「怪胎」、「討厭鬼」、「不受歡迎的」、「怪人」，或「與眾不同的」——而且永遠不能融入社會或擁有朋友。

也許父母的腦海中都會浮現一幅圖像，認為兒子會被選作班上幹部或是返校代表。但是現在，他們面對的是一個和同儕相處可能會有問題、會覺得學校無聊、會常常挑戰別人看法、會被人認為是「小大人」的孩子。這些行為都不太可能讓孩子受到同儕歡迎，更遑論被選為領導者。

對父母而言，要協調夢想、期望和現實會是一項重大的工程。他們可能對孩子與原本期望的不同而感到困惑或失望，但是卻害怕和他人分享自己的感受，因為社會告訴他們，他們「不應該」對孩子「有這樣的感覺」，特別是他們擁有聰穎的孩子已經夠幸運了。

然而，很重要的是父母必須學會面對和認真地處理他們的情緒。他們越早放棄嘗試將孩子塑造成社會或自己心目中理想的樣子，以及越早接受孩子本來的面目，他們就能越早成為孩子堅強的代言人，

並且能夠幫助孩子發展他們的天賦技能。事實上是這些資優能力的運用——而不是成為班長——才是讓孩子變得更快樂與圓滿的最重要因素。

資優並不代表孩子不會做些「普通孩子」做的事情。許多資優孩子最後也都成為班上幹部、啦啦隊隊長、學生會會長、運動員、獎學金得主，和其他所有會讓父母感到驕傲的各種角色。事實上，當家長完全接納孩子原本的樣子時，他們就移除了孩子肩膀上的千斤重擔。這種完全的接納讓孩子得以建立自尊，並了解到，即使有別於其他孩子，也不代表他們比較差勁或愚蠢。

以下論點看起來似非而是，但卻也是事實，那就是與其一再嘗試「幫助」資優孩子更「像」其他同學，倒不如完全接納他們。如此，他們會有更多的自信，更能融入班上，也更有可能運用他們的領導能力。

許多資優孩子都說以下這些人是對他們生命有最重大影響的人：

- 接納他們感受的人。
- 愛他們，而不僅是愛他們的天份和潛能的人。
- 花時間陪他們的人。
- 支持他們的企圖以及成就的人。
- 相信學習是重要的人。
- 幫助他們相信自己的人。
- 鼓勵他們逐夢的人。
- 專注地守護著他們的人。

這些尊重和關懷對每位孩子都有益處，但是對資優孩子的成長和發展更是格外重要。

　　也許你會很訝異地發現，當老師在和資優孩子互動時，也會感到恐懼。老師會害怕：

- 資優孩子的知識可能比他們豐富，而令他們在班上其他同學面前看來一副無知的樣子。
- 資優孩子會占據他們所有的時間，並會為他們帶來好幾個小時的額外工作。
- 資優孩子的父母對他們的期望過高。
- 他們無法給予資優孩子適當的挑戰。

　　當成人在和恐懼角力時，資優孩子也正在處理他們自己的恐懼。他們有時候被自己的一些信念嚇壞了，他們相信：

- 他們是怪異的，而且沒有人會喜歡他們。
- 他們必須要回答每個問題。
- 他們也許並不像別人認為的那麼聰明。

　　因為資優孩子的世界觀比同齡的孩子更寬廣，同時又極端敏感。他們有時候也會對一些諸如戰爭、飢荒、壓迫、折磨、環境污染、犯罪、孩童虐待以及其他各種嚴肅的世界議題感到驚懼。此外，資優孩子有栩栩如生的想像力以及極端敏感的神經天線。他們之中許多人都預期可能在任何時候有一大堆出錯的事情發生。他們假設各種可能性，並不停地感到焦慮，有時候還會想像一些現實世界不可能發生的行動和結果。

那麼,一個資優孩子帶著相當程度的恐懼進入教室;帶著恐懼從事每日的活動;帶著恐懼建立一份新的關係,便不足為奇了。因為資優孩子有如此深沉的情感,又有能力去想像或預見許多可能的結果,他們便認為和他人建立關係是件非常有威脅性的事。畢竟,雖然關係可以提供喜悅、快樂、圓滿的感覺,但也可能輕易地結束於失落感、荒謬或是誤解——而資優孩子深知此點。

因此,家長和老師所能做的一件最重要的事——早在他們擔心成群分組或良師典範這些事情前——就是去和這些資優孩子建立一份信任的關係。這份關係提供孩子一個安全的天堂,一個可以尋求協助,可以下錨休息的地方。

最重要的因素

很重要的是,資優孩子至少要能夠信任及依賴二至三位的重要成人。他們必須相信這些成人的行為一致,而且即使在挫折或彼此意見不合的時候,也永遠會將他們的最佳利益放在心中。

孩子的同儕關係像潮水一樣有漲潮也有退潮。起先有一位最好的朋友,然後是另一位;小團體形成,然後解散;意見不合,然後修正;信任遭破壞,然後再建立。大多數孩子都能夠駕馭這種起落波動,即使他們的情感受到傷害、感覺受到折磨。但是對資優孩子而言,他們冒的險又更大了。既然這世界對特別聰穎的孩子並不特

別具同情心，資優孩子要和同儕交朋友可能非常困難。當資優孩子發現別的孩子真心接受他們時，他們可能會過度投入這段關係。如果朋友稍後背叛了這份信任，這種傷害對資優孩子而言感覺起來就像永遠無法康復一樣，而這傷口也需要一段很長的時間才能痊癒。

因此，老師和家長必須持續地讓資優孩子信任。他們必須確信生命中的重要成人永遠不會嘲笑他們、讓他們失望，或故意傷害他們。這些成人對孩子的關懷必須從不遲疑，即使彼此間的關係有時候令人感到挫折、為難或精疲力竭。

舉例而言，有一位母親說她的女兒「每晚都在哭泣」。大部分的青少年都很情緒化，但是她每晚都在哭泣，讓這位母親非常擔心，直到注意到她女兒早上都神采奕奕、很快樂，而且很有活力地過生活時，才放下心中的重擔。就像許多資優孩子一般，她只是有著過度豐富的情緒需要在母親面前安全地發洩罷了。夜復一夜地這母親支持著她的孩子。她累了嗎？你可以打賭。她感到挫折嗎？當然啦！但是她也是接納與值得信任的嗎？完全是的——而這對她激烈、資優且敏感的孩子是極大的幫助。

這種在處理孩子情緒時的持續性有時很難達成，有時候父母會想說：「喔，拜託！當傑妮說她想要和凱西亞單獨去看電影的時候，又不是故意傷害你的感覺的；你下次再去就好了啊！不要一點芝麻小事也這麼沮喪。」當孩子在分享感受時，父母必須去抗拒批評的慾望。如果想要孩子繼續信任你，家長就必須要接納這些感受，不論它們看起來多麼荒謬。這並不意味著你必須同意傑妮是鄰近地區

最惡毒的小孩，你早就看出來了等等。但是你必須要表現出你了解孩子的感受。對孩子而言，最重要的是感受，而非事實本身。

≣ 十項信任的要求

在資優孩子邁向成就和社會化之路時，父母、老師和其他成人有許多可以成為孩子推手的方法。接下來的十個技巧在撫養任何孩子時都非常有幫助，但在撫養資優孩子時更為重要，因為資優孩子情緒上的特質和需求通常比一般孩子激烈許多。

1.給孩子專注的注意力

與報紙報導的相反，「品質時間」（quality time）跟去動物園、美術館和天文館並沒什麼關係或是關係極小而已，雖然這些活動可能很值得，也很有趣。

品質時間對孩子而言，是擁有父母之一或其他重要成人完全注意力的一段時光，即使只有幾分鐘而已。要讓孩子覺得自己很重要，在這段時間裡，你必須用心聽他說話。目光接觸是傾聽的精髓。因為就是你的眼睛讓孩子覺得，在那個時刻你是完全專注於他的。

幾年前，一位女士告訴一個父母團體說，她的丈夫是她生平僅見過適應最好的資優孩子。然後她繼續說：「當我看到他的母親如

何與我們的孩子互動時，就好像我腦袋裡的一個燈泡亮了一樣。每次當我的孩子和他們的奶奶說話時，她會坐著，用手托住下巴，直直地看著他們，聽入他們說的每一個字。在這些時候，他們知道自己是她生命中最珍貴、最重要的人，因為她是如此完全地醉心於他們所說。當我問我的丈夫此事時，他說她也總是如此傾聽他說話。我確信他今日強大的自信心大都是受到她的影響。」

今日父母的生活如此的忙碌，要能在規律的基礎下提供孩子專注的注意力似乎是一件不可能的任務。但是事實並非如此，因為這並不需要一段很長的時間。一次一對一或一對二和媽媽和／或爸爸的「談心時間」可以在早餐時間、準備晚餐前、上床睡覺前，或是在孩子鑽進被窩後、睡著前的幾分鐘內進行。

然而，如果你的孩子需要更多注意力的話，你必須做好付出的準備。不管你的生活多麼忙碌，孩子必須是你的優先考量。孩子有時候可能會變得極端需求無度或情緒化，感覺起來就像要把你搾乾一樣。這些痛苦時刻不會永遠持續下去，而且一旦孩子確認了你會給他專注的注意力之後，他對注意力的渴望就可能減少。

當你因為時間不足或有其他事情需要你的注意力而必須簡短對話時，試著記得你的對話停在哪裡。孩子極有可能會再提起這個話題，這時如果你能說：「你知道的，我們上回在一起時無法完成我們的討論。你有再深入想過這個問題嗎？」這樣可以顯示出你真的對這個話題感到興趣。

在班級中，老師專注的注意力可以藉由一週數次、簡短的師生

會談而持續一致。老師的工作並非成為家長，但是家長的確有權期望老師可以給他們的孩子某種程度的個別注意力。

2.提供孩子當你不在時的溝通方法

在單親或雙親都工作、有三個孩子的家庭裡，父母不可能每一分鐘都專注地對待每個孩子。這時父母就可以提供這些需要給和你溝通的孩子一些替代面對面談話的選擇。

例如，給孩子一個錄音帶或一本筆記本，讓他們寫下待會想與你討論的事項。這樣可以減低孩子的壓力程度，幫助他回到軌道上，而且能使你在方便的時候給予孩子完全專注的注意力。如果你在上班的話，確使孩子在放學後能立即和規律地向你報到。

如果孩子有參加課後活動的話，他也許可以花幾分鐘的時間寫下今天發生的事——以及他對這些事的感覺——以便稍晚時的談話。便利貼對忙碌時的溝通也很有用。當父母或老師沒空時，學生可以在這種便條紙上寫下他的問題或想法，標示日期，把它們貼在家裡或學校裡的布告欄上，然後父母或老師可以在一天結束時回覆孩子的想法。成人必須提供孩子一段能滿足他們的時間，並和孩子討論他們的議題。

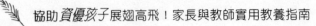

3.確使言行一致

　　資優孩子與生俱來就有一對探測實話的觸角。雖然，大部分的孩子都能發現言語和身體語言不合之處，資優孩子卻特別厲害，而且當他們觀察到成人言行不一時，他們經常會直言指出。或是他們可能僅僅觀察到不一致的地方，就會記住你是個偽善者，同時關上溝通之門。

　　如果你說你沒有生氣，但卻在咆哮或咬牙切齒；或是你告訴孩子你對彼此的談話非常感興趣，但卻每隔幾秒鐘就看一次手錶，你可以肯定孩子一定會注意到，或甚至會直指出你訊息不一致之處。這有時候會讓事情變得更糟，因為現在你發現自己不但尷尬而且生氣或沒時間討論。在這種情況下，誠實是最好的政策，你可以說：「是的，我很生氣，因為我叫你不要把自然作業放在客廳裡，而它卻還在那裡。」或「你想要告訴我的事情很重要沒錯，但是我在五分鐘之內要趕去上班。你可以很快地解釋你想要什麼，或是我們可以在今晚保留一段時間再討論。」

4.尊重孩子的隱私

　　尊重隱私可能是一條很難遵守的規則，特別是那些視孩子為自己財產的父母，或是當你親愛的孩子看起來很苦惱的時候，你可能

會想要偷看他的祕密札記或翻翻他的書桌抽屜。請抗拒這種意圖！如果你發現最要好的朋友在你房間裡翻箱倒櫃或偷看你的日記，**你有何感受**？相信我！資優孩子也會有相同感受，甚至有過之而無不及。

　　一旦你粉碎了資優孩子的信任，可能會要花數個月或甚至**數年**的時間才能將它一片一片修復回來，如果真的有辦法搶救的話。**尋求其他更直接的方式來探究到底發生了什麼事**。你可以正面直率地詢問孩子他在想些什麼或在沮喪些什麼。如果你是父母，你可以尋求老師的幫助，反之亦然。跟一位指導諮商師或其他專業人員談談，但千萬不要藉著拆除隱私之牆或踐踏每個人都值得擁有的**界線**來破壞孩子對你的信任。

　　隱私規則只有一個例外，就是當父母懷疑孩子涉入**非法或危險**的活動時，他們可能必須借助一些偵查工作來預防孩子受到**傷害**。最好是和孩子公開討論你的懷疑，但是如果孩子似乎在**隱瞞一種潛在的危險狀況**時，你也許就必須採取在其他情況下不會採取的方式。

5.堅持孩子也要尊重你的界線

　　信任是一條雙向道，你必須贏得它，你的孩子也一樣。

　　幾年前，一位有個十幾歲資優孩子的父親尋求老師的意見，**他**跟老師說：「我兒子現在長得比我高大，我們現在在電話使用、所有事情上的意見都有衝突。他的荷爾蒙太旺盛。他早晚不停地打電

話給女孩子。我怕我們為了這件事要吵上好幾個月。」

「把電話拿出他的房間。」老師建議道：「假如他打你不同意的電話，你就拿走他的特權，直到他重新取得你的信任為止。他信任你是不夠的，他必須了解你也要能信任他才行。」

資優孩子若要成功，就必須了解這個世界有一定的界線，而青少年需要在生命早期學習這些界線限制。資優孩子是如此的好奇，且他們的能量如此充沛以至於他們可能快速地就轉出了控制的界線，踐踏其他人的權利和感受而不自知。持續地提供合理的界線和限制，常可使一小時走數百萬哩卻不知道自己正在「迷失」邊緣的孩子安心。

魯素正是這樣的孩子──有個人魅力、極端英俊、運動型的男孩，而且真的是一個領導人才──但是當他無法掌控周遭的環境和人的話，他就變得操控、好爭辯且很容易沮喪。他真是班上的搗蛋鬼，而且大部分老師都認為他是一個棘手的孩子。在資優資源班上，他遇上和他一樣聰明的孩子。當他試著要操控和支配他們時卻沒有成功，因此常常有和其他孩子意見不合的時候。他的老師解釋道：「當我看到魯素變得挫折而且怒氣即將爆發的時候，我只會說：『魯素，我覺得你有點偏離軌道了。在你和亞默一起繼續你們的工作之前，也許你想要再多做一點研究。』然後我會帶他到電腦旁邊，給他一些額外的材料研究，直到他冷靜下來為止。我們的溝通系統現在已經運作得相當熟練，所以我現在只要以某種方式看著他，他就知道要後退一點，整理好自己的情緒。很有趣的是，他每天早上的

第一件事就是來找我，發洩一點他的精力，然後準備好面對這天。我的辦公室對他而言似乎是一個安全的地方。」

6. 準備好解釋規則和界線

資優孩子總是想要知道答案。為什麼寫札記之前一定要先做回家功課？為什麼當我想要再讀一個小時的書的時候就必須要上床睡覺？為什麼我要坐在餐桌前直到所有人都用完餐？為什麼？為什麼？為什麼？所有的孩子都會問這類問題，但並非所有孩子都能理解規則和界線後面的理由。然而，資優孩子通常能夠理解成人的解釋，而且一旦他們理解這些界線背後的理由後通常都會接受它們。

舉例而言，伊凡是一個一週去一次資源班的資優孩子。不知為何，他持有一份學校所提供的各種課程延伸活動的總表。伊凡是一位努力學習、有競爭心的孩子。他要求資優資源班的老師去向其他老師說項，讓他可以參加其中的每一項活動。他想要參加數學組、獨立研究，以及成為良師典範課程中的一分子。

他的老師回應道：「伊凡，記得你剛到這個班上的時候，你似乎對參加這兒和普通班上的活動感到舒適。你現在改變心意了嗎？」

「沒有」，他回答道：「但是我想走得更遠、做得更多。我喜愛這個班級，但是我想如果我能夠從事所有活動的話，我會更愛學校的。」就像許多資優孩子一樣，伊凡高估了他所能承受的壓力並低估了所要花的時間。

這老師稍後回想道：「這情況變成一盤棋局。讓伊凡參加每一項他想要參加的活動並不是一個好策略。但是他對我所做的每一個論點都有爭議。最後，我說：『伊凡，讓我們把你現在已經從事的每一件事都排上你的一週課表，我要你把學校的活動、運動、教堂活動和家庭活動的時間都排上去。然後我們再來想想你要如何處理這些新的擴充活動所要求的額外工作。』」

　　伊凡做了一張表。而且即使這張表已經非常滿了，他仍相信他能夠改變活動並空出足夠的時間來應付這些額外的責任。

　　他的老師知道伊凡的神經有多緊繃，最後說：「讓我們再看看一件事。我要你把這張表上色。在你覺得會帶來壓力並讓你緊張的每件事上塗上紅色。在帶給你愉悅的事情上塗上藍色。」當伊凡交回這張表的時候，上面塗滿了紅色。他的老師和他談了有關生活平衡的必要性，而當伊凡能夠看到（視覺化）老師所說的話時，他就停止要求從事更多的活動了。

　　「我真的相信再擴充他的選擇的話，工作量會超過他的負荷。他已經給自己太多的壓力了，如果再加上更多的工作——而且要做到完美，這是他一貫的做事方式——就會把他壓垮了。」

　　但是談到設立界線，你最好準備好應付一些更激烈的辯論。這些孩子能想到比一隊律師還多的反對意見，而且通常「因為我這麼說」對他們是沒用的。亞當是一位二年級的資優孩子。他的父母當他嬰兒時就教導他說，當他們數到三的時候，亞當就要停止他的粗魯或失去控制的行為。如果他的行為不立即改善的話，他就會面臨

一些後果——通常是限制他玩最喜愛的遊戲、看某個他享受的卡通、或使用電腦的一段時間。最近當他的母親在數的時候，他會打斷她說：「如果我讓你數到三又會發生什麼事呢？」儘管亞當的母親覺得這個問題很可笑，她還是板著一張臉告訴亞當，如果他持續粗魯行為的後果會是什麼。他看了她一段很久的時間後說：「好吧！我想我還是停下來好了。」

父母和教師也應該準備好應付一些有趣的操控手段。一位母親說她限制孩子必須完成回家作業後才能從事課外活動，然後孩子突然就開始每天幫她準備早餐，她當然很想融化在孩子貼心的舉動中，但幸運的是她看穿了孩子想操控她的計畫，於是還是堅守立場，而孩子的作業也改善了。

雖然「為什麼」這類問題似乎很惱人，但是資優孩子對「限制」所提出的問題能幫助你發現自己是否太過約束孩子。最有效的方式是針對那些像是攸關安全或尊重他人這類真的很重要的事情訂定規則，而對那些並非如此重要的議題則採取較為放鬆的態度。

記得只設立你能、而且將會執行的規則和限制。空泛的威脅毫無作用可言，而有能力的孩子可以立刻看穿你的把戲。

一位資優學前兒童的母親報告說她告訴孩子如果他不收拾自己的玩具、不刷牙、不上床睡覺的話，隔天就不讓他去上學。他熱愛上學，所以這位母親認為這樣的懲罰能夠吸引他的注意力。「但是，」她說：「我突然想到讓他待在家裡對我也是一種懲罰。我那天必須要上班，所以對我而言學校的必要性就像對他而言的娛樂性

一樣重要。現在的懲罰就改成不准看『芝麻街』，這樣受到影響的就只有孩子而已。」

設立了影響到自己的限制時，你仍必須持續的執行。資優孩子會比其他孩子更常測試你的界線，你必須持續一致的回應孩子，即使你和孩子一樣又疲累又心煩。如果孩子能夠說服、操控你，那遊戲就到此為止了。

7.尊重孩子的感受，即使你必須制止行為

一些簡單的敘述像是：「等待很難受，不是嗎？」或是「你覺得受傷是因為寇特妮取笑你。」就能夠讓孩子知道你了解他們的感受。他們需要成人再保證他們可以自由表達任何感受——即使令人不舒服，諸如生氣或悔恨等感受，但絕不允許孩子藉著粗魯、不尊重、虐待或不仁慈等行為表現出來。

8.尊重孩子的秘密

不要洩漏孩子要求你保守的秘密，除非有逼不得已的原因，否則不能違背保守秘密的約定。若是基於某些嚴肅的考量，你覺得必須違背約定的話，事先告訴孩子並解釋你的理由。沒有什麼比不尊重孩子的秘密更快摧毀他對你的信任了。

然而，這條規則有些例外，就是當你聽到關於他人安全或健康

的秘密時，例如當聽到孩子的朋友計畫帶武器到學校或是聽到孩子正在治療藥物濫用問題的朋友又開始濫用藥物時。孩子可能會因為你洩漏他的秘密而感到沮喪，但是這情境正好是可用以教導倫理道德標準的機會教育時刻（teachable moment）。

9.作影響孩子生活的決定時，採納孩子的意見

不論關於課程延伸、電視政策或甚至是教養議題的決定，除非孩子是決定過程的一部分，否則家長很難得到孩子的配合。資優孩子通常對什麼公平、什麼不公平；什麼合理、什麼不合理；什麼有用、什麼沒有用有非常絕對的看法。加上他們有能力有條有理地陳述自己的信念，也能夠明智地傾聽他人的意見，因此把孩子納入會議中，問他：「你覺得要怎樣才算公平呢？」聽聽他的答案，你們就可能可以達成一個有創意的妥協方案。

凱翠娜的母親利用角色反轉的方式，和她一起訂定懲處的規則。她母親說：「假設你現在是母親、成人，我是孩子。我剛剛破壞了一條很嚴重的家庭規定。作為我的母親，你想你會加諸什麼懲罰在我身上？」

就像許多的資優孩子一樣，凱翠娜對自己的標準也極高；她想出一個比母親原本要求還嚴格許多的限制──而且還欣然接受，因為她參與了該採取何種教養行為的決定。

10.實話實說

　　如果孩子的祖母生病了或者你要離職了，誠實地和孩子談論這些事。當然，你應該要考慮孩子的年齡和懂事程度。不論孩子看起來多成熟，都還只是孩子。他們不需要知道手術的每個細節，或是你的離職原因是老闆騷擾你和其他同事。

　　但是，實話實說並不代表在一些敏感的家庭問題中，也對資優孩子推心置腹地告知每一件事。舉例來說，如果家長正在處理離婚問題，他們應該要記得即使孩子看起來異常成熟，也好像能夠處理這種情況，讓孩子承受成人的問題，或期望孩子能像大人般處理事情，既不明智也不公平。家長應該避免孩子因為必須扮演支持成人的角色而情緒波動太大。

　　但是，在可接受的限度下，請對孩子誠實。資優孩子的想像力如此豐富，以至於他腦海裡的影像可能比事實來得更令人驚恐擔憂。也許祖母的手術只是移除膽囊，但若是口耳相傳的話，孩子可能會變成相信祖母得了不治之症且會在醫院過世。

　　如果你不知道孩子問題的答案，就說不知道。不要試著裝懂。資優孩子會問一些真的很難回答的問題。不能立即回答並不可恥。你可以說：「我不知道，我們一起來查查看。」或是「我會試著幫你找找看答案。」誠實是信任關係中的關鍵。若你對孩子誠實以對，你就能期望孩子也對你誠實以對。

彈性與自治

建立信任關係和安全範圍能幫助資優孩子趕走經常伴隨智力包袱的害怕和緊張情緒。但是要幫孩子發覺他們的自我和潛力，家長也需要給他們寬廣的空間、自治和許多的彈性。

有些家長對彈性的概念有所誤解。他們認為彈性就是放任孩子、讓他對家人要求，最後主導一切。沒有任何事情可以逾越真理。所有資優孩子要求的彈性、延伸和擴展都應該要在仔細設定界線之後才能施行，不論在家或在學校都一樣。成人在家或在班上都必須掌控大權，因為不論孩子表現得多聰穎、多有能力，他們並不是真的想要「主導一切」。即使他們似乎奮力爭取控制權，但是在他們心裡，他們知道自己還沒有準備好要負責任，所以不要將你的權威權杖全權交給資優孩子。

但是也不要緊抓著學習和教養的舊觀念不放。在過去的世代裡，家長常常以像打屁股之類的體罰來管教孩子。但是在今日的大部分家庭裡，這個選擇（雖然也是個選擇）已經很少用了。協商和自然或邏輯的行為後果是今日家長較常使用的方式[26]。同樣地，不能只因為你曾經和其他孩子一起坐在教室裡，不曾離開你的書桌、聽講、

---

[26] Dreikurs, R. & Soltz, V. (1992). *Children: The challenge*. New York: Plume.

以機械式的背頌及反覆練習的方式學習，就認為這些方法對今日的孩子也有效。因為資優孩子有分析思考，做正確選擇的能力，因此當成人願意花時間解釋時，他們也能夠理解背後的理由。

　　彈性在學校就像在家裡一樣重要，除非你想要花時間和一位挫折、厭煩、焦慮、沮喪或退縮的孩子交涉，否則一點的施與受真的可以讓資優孩子的生活品質有很大的改變。

第十章

接納資優孩子

你是否曾聽過家庭成員或老師說以下的話：

- 「如果他如此聰明，為什麼他這麼沒組織？他的回家功課總是遲交。」

- 「如果她是資優孩子的話，那為什麼她的成績單上有兩科丙？」

- 「資優並不是在班上打斷別人的藉口。」

- 「你兒子故意問我他明知道我不會的問題來挑戰我的權威。」

- 「你女兒一直想要說話，而我還有其他二十二個學生要照顧。我不能把我的時間都花在她身上，如果她真的這

麼資優，她應該能自己處理問題，不需要我的幫忙才是。」

• 「他也許很聰明，但是他的報告真是一團糟，我連讀都沒辦法讀。」

• 「你為什麼讓他質疑你做的每一件事，展現一點權威吧！」

• 「他考試沒過是因為試題是選擇題，而他不肯做任何選擇。他總是說要視情況而定。」

做出這類陳述的人並不了解資優孩子和其他孩子有何不同，因此無法接納他們通常複雜而有時又矛盾的行為。但是接納卻是資優孩子最需要的關懷，就像所有的孩子一樣，他們無法在限制及壓抑他們在智力、社會和情緒上成長的氣氛下茁壯。

發展接納的態度

人們如何能對一個挑戰他們、打斷他們、和他們爭論，和有時候光芒勝過他們的孩子，採取接納和溫暖的態度呢？他們之所以能做到，是因為他們理解並記得資優孩子無法不資優，就像聽力障礙的孩子無法不需要助聽器一樣。

我們無法原諒偏差行為或幫一個行為可憎的孩子找理由。身為父母和師長，我們的工作之一就是幫助孩子發展能被社會接納的技能。然而我們必須認知到資優孩子的頭腦和其他孩子的運作方式不同，就像聽力障礙孩子的耳朵運作方式不同一樣。

接納有時候並非如此容易，因為資優孩子的不同之處並不怎麼吸引人。資優孩子的父母、老師和其他相關人員也許必須要忍受爭辯、太過情緒化、密集提問、沒組織、懶散或是打斷談話等行為。所有這些行為顯示出孩子不同步的發展——也就是，頭腦和身體的發展不同步。頭腦以一種異於常人的速度運作，但是卻卡在一個孩子的身體裡——這個孩子不論在成熟度或在控制衝動的判斷上都尚未發展完全。我們要如何幫助這樣的孩子呢？

身為父母或師長，我們不會拒絕聽障的孩子，相反地，我們會接納這樣的孩子，並竭盡所能地使他成為社會上有用的一分子。我們必須以同樣的方式來對待資優孩子，接納他們原本的樣子、滋養他們的獨特之處，然而同時也必須幫助他們修正有時會導致同儕和成人批評和排斥的行為。資優孩子需要我們的接納、幫助和導引。期望他們靠自己「成材」就像要求聽障的孩子去聽一樣困難。

家長看法的重要性

父母是孩子最初的一面鏡子。如果他們在這面重要的鏡子中看到的不是無條件的愛、喜悅和接納，反而是失望、挫折和憤怒，這可能會讓他們相信自己是不重要、沒有價值的。畢竟，如果你的父母——照理來講應該要無條件愛你的——無法接受你原本的樣子，你要怎麼期望其他人有喜歡你的可能呢？因此，也不能太過強調父

母接納自己與眾不同、棘手、要求不斷的孩子的重要性。

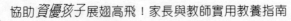

你是一位接納的父母嗎？

確認看看你是否做到以下幾點：

• 傾聽你的孩子

傾聽是你可以給孩子最棒的禮物。資優孩子通常需要大聲說出他們的想法和點子，而參與其中的父母會是孩子自尊的最有力來源。

一位幼稚園資優孩子的母親說：「我真不敢相信！我在準備晚餐的時候，譚亞進來廚房講了半個小時的話，都沒停喔。我說的話只有：『哦，真的嗎？你覺得發生什麼事了？』或是『你對那件事有什麼看法？』但是你知道嗎？這種一面倒的對話真的很有趣。即使是喋喋不休的說話，她說出一些很有趣的見解呦。」

身為成人，我們知道傾聽的力量。當我們覺得有人傾聽及了解自己時，我們也會覺得自己有價值和有用。孩子同樣也會這樣覺得。

然而，事實上「傾聽」資優孩子說話可能會令人精疲力竭，有時候你也許需要喊一下暫停，如果需要的話，請感性些。你不會跟你最要好的朋友說：「老天哪！你已經不停地講了二十分鐘的話了，你難道都不會停一下嗎？」也不要對孩子說出這樣的話。告訴他你的感覺。例如：「親愛的，我對你想說的話很感興趣，但是我的頭

腦裡全都是你說的點子在轉來轉去，我需要休息一下。把你的一些想法寫下來如何，我們可以稍後再討論。」用這種方式，你可以免掉頭痛的煩惱，又不會傷害孩子的感受。

● 支持孩子的興趣

　　一位父親提供了以下的例子：「我對戲劇一點興趣都沒有，但是它是我女兒的熱情所在。所以我每一季都帶她去看戲劇和音樂劇。」然而，遠遠超過只帶她去看表演的是，這位父親聘請當地劇院的舞台經理當女兒的良師。這舞台經理常常帶她到後台和演員會面，偶爾也會安排她去看排演。這位父親同時也盡其所能地在當地尋找各種在兒童劇場演出的機會，並安排女兒和同伴去上劇本寫作和表演的課程。這是真正作父母親的接納。

　　支持孩子的興趣顯示父母對孩子人格的尊重，但是別欺騙自己，這並不是件容易的事。丹的父母一直希望他成為醫生，對他在理科方面的表現優異，以及他對醫學生涯的興趣而感到驚喜。他的父母對他懷有一個大夢：醫學院、主要研究中心的特別會員、也許諾貝爾獎。

　　然而當他十六歲時，一直很喜歡下廚的丹突然宣布他想要成為一位主廚。這對家人而言是一記重大的打擊。他們幾乎無法將焦點從醫學院、聽診器、核磁共振造影（MRIs）轉到烹飪學校、煎餅器和普通烤箱上。但是他們盡力配合，說也奇怪，在食品科學路上閒晃了許久之後，丹最後決定他想要回到醫學院就讀。

丹的父母非常明智。他們可以堅持要求丹走父母要他走的路，並因而上演一場全方位反叛的戲碼。如此一來，即使後來丹改變了想法，他也許會為了反對父母以及建立自己的獨立性，而繼續烹飪生涯。藉由接納他的願望，他的父母給了他體驗所需的時間和空間，然後讓他自己回到原途。丹成為一位醫師，但也是一位絕佳的主廚，而且可以運用他在廚房的能力來解除一天的壓力。

　　因為丹的父母有接納的態度。即使丹持續烹飪之路，他們也會支持他。他們知道最重要的是親子關係——而不是孩子的生涯抉擇。他們不願為了贏得職業選擇權的角力而犧牲親子關係。

　　格外重要的是父母必須理解興趣和生涯是無關性別的。許多的資優女孩從數學和科學的生涯上轉走，因為社會持續告訴她們這些領域是男人的天下。相同地，國小教室中也少了一些優秀的男老師，醫院也錯過了一些有天分的護士，只因為國小教師和護士有時仍被認為是女人的職場。

● 適時讚美你的孩子

　　讚美是一件詭譎的事，因為資優孩子可以直接看穿空洞的陳腔濫調。他們對虛偽非常敏感，並稱之為謊言，而他們是對的。

　　一般而言，最好讚美孩子的努力而非成果，而且最好避免諸如「最棒」、「傑出」、「極好」、「了不起」、「最聰明」，以及「無法置信」等形容詞。

　　以下是一個例子：你的孩子帶了一幅她在美術課畫的圖畫回家，

你會說：

1. 「那真是傑作，你是班上最棒的藝術家。」或者
2. 「哇！我可以看出你真的很用心，我喜歡你在這個角落用的紅色和藍色。是什麼讓你決定要一起用這些顏色呢？」

第一個評論也許會對孩子造成未來要更好的極大壓力。她也許會覺得現在她永遠必須是班上最棒的藝術家，否則她就會讓你失望。

第二個回答顯示出你的欣賞，不只是對成果，也是對過程的努力。它遞送出一個強力的正面訊息，同時你也可以藉由詢問作品的相關問題，打開接下來的溝通之門。如果你是孩子，你會比較想要哪一種類型的讚美呢？此外，如果作品成果並不理想的話，讚美努力也是一個很有用的策略。

• 避免批評

諸如懶惰、髒亂、不體貼、自私、笨蛋、醜陋、粗魯、不小心等批評的字眼清楚傳遞出拒絕的訊息，而且這些批評可能會成為孩子的自我實現預言。當父母或老師——孩子心中目最權威的人物——告訴孩子他們太懶惰、散漫的時候，在他們的腦海中，這就變成了事實，然後孩子也許就會變得比以前更懶惰、更散漫了。

糾正行為是讚美的反面，但是技巧卻是相同的。不要傳送「**你訊息**」，諸如，「**你快把我逼瘋了**」或是「**你為什麼從來不能不和我爭辯就乖乖地做事呢**」。傳送「**我訊息**」，諸如，「**我會這麼生氣是因為我今早下樓時發現廚房裡全都是骯髒的盤子**」或是「**當我**

們爭辯倒垃圾的事情時，**我覺得很累、很沒耐心**」。精確地指出惱人的行為，而且避免「批評」傷害孩子。

• 不畏懼地尊重孩子的智能

　　孩子對某些主題的知識很可能比你豐富。這時請對他的知識感到快樂，但也不要太銘刻於心而遺忘了父母的角色。孩子還沒長大，他只是在知識的一小部分上超越你而已。不論這些孩子知道得多麼多，他們仍然需要成人的智慧、成熟和陪伴以感到「有所支撐」——安全、放心和被接納。然而，如果孩子對某件你一無所知的事情懷有熱情的話，你可以為孩子聘請一位熟悉這個主題的良師以顯示你對他的支持和接納。

　　舉例來說，維多是一位富有進取心的資優孩子，他有許多父母就是不懂的興趣。他們對他高度智力的好奇心感到驕傲，而且他們也有足夠的金錢，可以提供他研究所需的物質，但那已經是他們覺得自己所能做的極限了。幸好維多是一位主動學習的孩子，所以他組成個人的良師團：一位帶領他學習攝影的各個細節；一位教他摩斯碼（莫爾斯電碼），並幫他取得自己的火腿族無線電執照；以及一位精通搜尋外星智慧的專家。

　　並非所有孩子都會顯現這麼高的主動性，所以你可能必須當那位幫助孩子聘請良師的人。這其實完全是為了自己的最佳利益而做的，因為一旦良師開始工作，你試著跟上孩子所有學習細節的負擔就會減輕許多。

• 幫助孩子發展社會技能

要快樂生活，孩子想要、也需要朋友。資優孩子通常在智力上遠遠超過年齡同儕，但在社會化上卻遠遠落後於智力同儕。因此資優孩子在交朋友時往往會遭遇困難。

身為父母，你有交朋友的經驗，同時也有一位可能喜歡道德行為和公平競爭的孩子。如果你能開發孩子內在的同情心與站在他人觀點看事情的能力，你在幫助孩子成功社會化的路途上就已走了一大段路了。

海特的父親是一位心理學家，他教導海特許多關於身體語言的知識。在花了一段長時間教導海特各種不同身體姿勢和臉部表情的意義為何後，海特變成了辨識身體語言的專家。舉例來說，他能僅藉由其他孩子站立或行動的方式就能夠分辨出他們是害怕、緊張或是困惑。這種知識幫助海特更能理解他人的感受，它增強了他天性中的同理心（empathy），而且這種洞見使得他在中學同儕中頗受歡迎。

幫助你的孩子，讓他變得謙遜、不誇大自己的成就、等級或考試分數。在不貶抑孩子的成就或不將孩子與他人相較下，指出他人擁有的各種不同潛能。當然智力上的能力是一個很棒的特性，但是藝術或音樂潛能、體育能力、技術以及諸如堅持、仁慈、助人與謙恭有禮等特質也是。

資優孩子在許多方面都與他人不同；對他們而言，了解自己是

團體中的一分子、世界上有許多特別的人，以及每個人都是有價值的這些觀念非常有用。盡你所能地使孩子與其他人種、民族、宗教及社經團體的孩子和成人有接觸的機會，這樣能擴展孩子的觀點並幫助他們尊重各式各樣的人。

• 和孩子一同歡笑

幽默在解除緊張狀況或僅是享受人生時都是一個絕佳的工具。有些資優孩子有高度發展的幽默感，而其他則是需要歡笑與幽默以紓解緊張情緒的小人兒。鼓勵孩子去看每日生活有趣的一面；分享笑話和雙關語；對他所說的機智風趣之事報以純粹的愉悅歡笑。歡笑能釋出腦內的腦內啡（endorphins，譯註：腦部分泌的具有鎮痛作用的氨基酸，是一種會令人情緒愉快的物質），並使每個人都覺得好過些。

你是位接納的老師嗎？

老師顯然對孩子有很大的影響力。你要如何成為資優孩子會快樂回憶而不是絕望回憶的老師。以下是一些資優孩子對他們喜歡及仰慕的老師所說的話：

• 「她信任並讓我使用攝錄影機。我必須先證明我知道如何使用並愛護它，一旦我證明了，她就讓我負責拍攝班級的表

演。」

- 「我想要研究更複雜的系統，而他幫我做到了。」
- 「她告訴我為什麼我應該學某些事情。大部分的老師都說：『因為考試會考。』但是她花時間回答我的問題並解釋理由。」
- 「我所有其他的老師對我的期待都很高，他們認為我在每一件事上都要拿『優』，而且從來不會答錯考試中的任何一題。他不同。他待我如同一個『人』，而不是一個『腦子』，而這使我更努力嘗試，希望在他班上有好的表現。」
- 「我的一些老師說我實在太沒組織了，做任何事都不會成功。她也說我沒組織，但是她引導我學習一些更容易管理時間和作業的方法。」
- 「他對我就像對待其他孩子一樣，在他面前，我不會覺得自己好像某種怪物一樣。」
- 「她讓我嘗試一些真的很難的事，如果我沒做好，她會指出我在哪裡犯錯，但她不會嘲笑我，說我失敗是因為喜歡賣弄。」

這些孩子們真正在說的是什麼呢？他們是在告訴我們他們最喜歡老師：

- 授權給他們。
- 鼓勵他們冒險。
- 允許他們失敗而不會叫他們失敗者。

• 尊重他們——同時作為一個獨立的個體和班上的一分子。

這些老師接納他們的資優孩子——錯誤以及所有的一切。你是否也接納他們呢？確認看看你是否做到以下幾點：

• 當資優孩子問問題、挑戰你的答案或說太多話時，保持耐心

當班上的資優孩子表現得就像個資優孩子時，你翻白眼、看起來惱怒，或是重重地嘆氣，這時你就在傳送一個有力的訊息，那就是他們不知怎麼的不好。而且透過身教，你也讓班上其他所有的孩子知道這群特別的孩子不值得你的接納。況且如果老師不接納他們，那其他孩子又為什麼要呢？

請記得這些孩子無法不資優。他們的思緒如此快速，提問、挑戰和愛說話是他們天性中的一部分。當然，你不能讓這些孩子控制班級的進行，或是踐踏其他孩子的權利。要避免這些問題的發生，老師可以利用一些教學策略來幫助他們控制衝動和引導學習。

舉例而言，在介紹一個新的文學研究前，老師可以事先問學生之中是否已經有人唸過這本書。你也許會發現有兩個學生瑞莎和海莉在過去兩年中已經將這本書讀得滾瓜爛熟。這是個很有用的資訊，因為你可以預期這兩位學生可能會一直打斷整組的學習。他們很可能會脫口說出問題的答案、洩漏結局或是嘲笑別人企圖理解的努力。

在這個文學課程中，允許瑞莎和海莉有別的學習選擇，對他們

兩位以及班上其他同學都有益處。他們可以在筆記中寫下自己對故事的一些觀點；也可以一起合作去創造不同的結局；或是從一個人物角色的觀點來寫一些短文。有許多可以讓學生擴展學習，同時也保持是班上一分子的方法。

• 以同等的尊重對待資優孩子，就像對待其他孩子一樣

如果不這樣做的話，你也許會污辱到資優孩子。曾經有家長抱怨過老師諷刺地說：「好啦！所有資優孩子聽著，去特殊班級的時候到了。」同樣的老師卻從來不曾對學習障礙的孩子說：「所有的學障孩子現在該到你們的特殊班級去了。」接納你的資優孩子，讓他們成為班級和學校共同體中的一員。

• 以有意義的課程替代死記的學習

你是否同意大部分的資優孩子都不需要「過多相同」的課程？你是否有特定的計畫，可以用以評量孩子是否需要參與對他們無益的死記練習？如果資優孩子在作業本中清楚顯示他對概念的純熟，為什麼他必須再完成三個概念複習的練習呢？

七歲的理察從四歲起就開始練習數錢幣。他總是在支薪日的家庭遊戲中扮演銀行家。他已經會簡單的分數，並急著想學除法。那麼為什麼他還必須完成一系列數錢幣的課程呢？如果老師堅持他做「每個同學都做的」，那他上課無聊死了還算是最好的結果。他也許仍需要和其他同學一起學習同樣的科目──數學計算，但是他也

需要挑戰能力和其他更複雜的課程。或許老師可以在數學上加速；或濃縮課程；或運用其他對他有用的學習策略。

有意義的學習會讓資優孩子參與，而缺乏挑戰就是資優孩子經常遲交作業的理由之一。這些作業是如此地容易以至於變得很瑣碎，而誰願意在瑣碎的事情上浪費時間呢？資優孩子認為他們可以在最後一分鐘內匆匆完成作業，但也許發生了一些事：睡過頭了、對別的事情感到興趣，或是公車提早到了。最後一分鐘沒了，作業遲交了。較有挑戰性的作業可以協助解決這種情況。就像日常的班級活動一樣，資優孩子並不需要僅僅只是加強已經純熟科目的回家作業；他們的回家作業應該要讓他們擴展目前的理解。是的，那也許意味著個別化作業，但同時也意味著孩子會更常交作業、學得更多。

也許有些資優孩子喜歡和老師協商作業。協商對學生和老師都是有益的事；協商的技巧在孩子整個教育過程中都很有益處，同時也可以建立師生關係。

• 了解你可能必須用不同的標準評量資優孩子的作業

資優孩子通常在是非題和選擇題的測驗上表現不好；他們在選擇單一答案上有所困難，因為他們能夠看到兩個、三個，或甚至所有選項在不同的情境下都是正確的可能性。他們在回答簡答題上也有困擾，因為他們有對題目想太多的傾向。他們知道明顯的答案是什麼，但答案卻往往遠超過題目所問的。他們所寫的答案和題目可能只有一點相關，因為他們把原來的想法寫過頭了。到了加總所有

的考試成績時，孩子最後的成績可能會遠低於他應得的成績。

如果你認為孩子的能力和測驗成績之間有很大的差異。差錯很可能出在測驗、而非孩子身上。你也許可以考慮採用口試或其他表演形式來評量孩子的能力。請記得大部分的測驗都是為了讓一般學生能有適當表現而設立，為了能力在「一般」之外、在能力標準兩端的學生調整測驗有其必要。

然而，純熟度的測驗已經變成許多州的常態，因此很重要的是要教導所有孩子（包括資優孩子）這類州辦成就測驗的考試技巧。因為美國使用測驗成績評比學校，所以測驗結果對老師和學校行政者而言有很大的利害關係；而學生一旦進入高中，對他們而言，也有很大的利害關係。因為大學入學考試的形式和州辦的純熟度測驗非常類似，所以對學生而言，學習適當的考試技巧是很重要的。缺乏特別的指導，一些對這類測驗感到困擾的資優孩子，可能會在考試當天因為焦慮而不知所措、表現不佳。

• 了解資優孩子可能不會每個科目都優秀

資優孩子在某些事情會比其他事情來的優秀。他們大部分有其特殊之領域。他們可能是數學天才或是口才流利。一些可能是有天分的音樂家或藝術家；另一些則是科學奇才。

不要期望資優孩子在每一方面都有傑出的表現。他們就像一般人一樣，在各種不同的技能上也會有所不足。許多人的字寫的慘不忍睹或是拼字能力很差，因為他們思考的速度遠快於書寫的步伐，

或是因為他們發展出一種個人的速記法以彌補這種差距。

在數學方面，他們有時候沒有辦法「發表他們形成概念的步驟」，因為他們通常都以直覺回答問題，所以他們似乎無法慢下腳步，去思考形成解決問題步驟的概念。有些學生缺乏組織到令人無法置信的地步，書桌看起來就像老鼠窩一樣。掙扎於這些困擾的資優孩子和一般孩子一樣需要幫助。不要欺騙他們。如果他們在學校表現不佳，不要用「你應該很資優才對啊」來批評他們，也不要剝奪那些能讓他們在世界和班上成功的策略和技巧的學習。

• 騰出時間討論

因為資優孩子令人難以置信的好奇心和口語能力，他們通常有發表問題和深度討論議題的需求。他們說：「如果我們從來都不能談論任何事情的話，那我們如何學習呢？」討論時間並不需要很長。當其他孩子在小組活動或做個別作業的時候，一對一的面談會是很好的方式。這些資優孩子可以在札記或作業的最後一頁寫下他們的問題，作為師生面談的準備；這個策略也提供一個維持對話焦點的工具。

▓ 接納與代言：為結果合作

接納資優孩子的最後步驟就是為孩子代言——幫助發展管理孩

子教育的政策。父母和教師可以是班級、地區、州立法機關，或甚至是華盛頓首都的代言人。一種代言的形式是在學校或地區組成資優孩子家長支持團體，第二種可以是加入州立組織並參加會議或研討會以學習更多新的理論、教學策略和傷腦筋的規定，以及遊說你所在區域的立法活動。

　　要將英文能力有限的資優孩子、學障學生、少數族群孩子和殘障孩子納入資優方案的話，父母和教師更必須為他們代言。這些孩子在資優機構中所占的比例偏低是因為：

1. 測驗偏見：例如那些對中產階級、以英文為母語的孩子較有利的測驗。

2. 教師偏見：也就是不了解少數族群、學障或肢障孩子也有可能資賦優異的教師。

3. 文化偏見：也就是不了解不同的文化如何影響了學生的表現[27]。

　　例如，一位亞洲的資優孩子要完成一項任務時，可能會常常諮詢老師的意見和指導，因為亞洲文化相當尊重及重視長者的建議。其他的文化，像是美國原住民也很強調長者和權威者的智慧[28]。有

---

[27] Frasier, M. M., Garcia, J. H., & Passow, A. H. (1995). *A review of assessment issues in gifted education and their implications for identifying gifted minority students* (RM95204). Storrs, CT: The National Research Center on the Gifted and Talented, University of Connecticut.

[28] Cohen, L. M. (1990). *Meeting the needs of gifted and talented language minority students.* ERIC Digest (E480). Reston, VA: ERIC Clearinghouse on Handicapped and Gifted Children.

些文化則十分強調團體、而非個人的成就。然而，一位本地出生、中產階級的高加索孩子可能會將美國注重獨立思考和行動的典型價值觀內化。如果老師不了解不同種族的文化價值觀，他們很可能會認為孩子並不資優。

身為孩子的父母，你比任何人都更了解孩子和他所代表的文化。你也許必須去說服老師和行政人員在評量孩子是否可以參加資優方案時，採用一種較為廣泛的評量方法。

如果英文不是孩子的母語，或因為某些障礙，而在訪問學校時，需要翻譯員、詮釋員或父母來為孩子代言時，最好在訪問日前事先通知學校。孩子有享受這些服務的權利，但是學校有時候需要一至兩天才能安排一切。如果沒有讓學校有妥善安排的機會，就責怪學校沒有配合並不公平。

雖然有些父母會在地方層級或國家層級上遊說，但是大部分的父母會將他們的努力放在孩子的學校上。如果你發現自己是學校系統的代表，以下是一些你必須記得的訣竅：

• 遵守命令階層體制

如果你對某件事情感到困擾，先去請教孩子的老師，並和老師一同努力尋求解決的方法。如果你們兩人無法解決這個問題，則請老師和你一起尋求校長的協助，通常事情在這個階段就可以解決，很少需要牽涉到督學或學校董事會。雖然這類介入的確有很適當的案例，但是如果直接去找督學的話，你就忽略了這種命令階層體制，

而且也冒了孤立老師或校長的危險。

　　一步一步解決問題的方法可能會花較久的時間，但是如果你想要改善資優教育政策，盡可能爭取同盟會較有幫助。如果你曾經直接向老師或校長的長官投訴他們，他們絕不可能會想要幫助你。贏得老師和校長的支持和善意會是一個更好的策略，這樣一來，當你需要將意見上訴到更高階層時，他們才會願意支持你的案子。

• 為所有孩子代言

　　試著為每一位資優孩子創造改變，而不僅是為了你的兒子或女兒而已。如果你是為全體學生而努力，而不僅是將所有心力花在自己的家庭成員身上，你將會獲得更多的注意和尊重。

• 支持學校

　　參與學校董事會和親師組織會談；經常出席並表現活躍。如果有董事選舉、籌募資金或相關議題，請努力爭取選票使其通過。公立學校的預算通常很緊，如果學校籌募資金的活動失敗的話，你想為孩子爭取的計畫很可能就在砧板上。此外，如果你在艱困的時刻與教師及行政人員站在同一陣線的話，在你為資優孩子提出方案時，他們也會記得你。

• 有計畫

　　知道你想要成就的目標並將之謹記在心。聽聽他人的意見和策

略。記得條條大路通羅馬，在路途上準備好彈性面對或妥協。結果也許可以讓各種不同的方法都有其正當性。

• 避免戰爭

只下命令是一個輸定了的議題，你必須決心和學校長官一同合作以發展最佳的計畫。參與而不激怒；一點點的禮貌會讓路走得更長遠。舉止成熟並專注在議題、而非情緒之上。就像其他所有人一樣，教育專業人員對合理呈現之證據的回應，比起對未經修飾的情緒反應來得好。

• 取得事實

沒什麼比基於半真半假的事實和流言蜚語便進行活動，更容易破壞地位了。索取幾份現存政策的影本，研讀和了解關於資優教育的法律。經常更新在此領域中的研究，你也許會成為不常更新資優教育資料的學校行政人員的寶貴資料來源。記得運用你的知識幫助團體達成決定，而非貶低他人的意見。

• 堅持

像學校這麼大的機構的改革通常很緩慢。你必須要持續推動計畫一吋一吋地往前。堅持長期抗戰到最後可能會得到你想要的改變。而且你的耐心和堅毅也會成為讓孩子學習的強而有力的一課。

• 保持正面態度

記得施即是得、欲擒還縱。大部分和你協調的人都是好人，即使他們的意見和你相左。試著去找到彼此意見相同的地方並在其上建立基礎。

• 擴大圈子

列出與你想法相同的家長、教師、行政人員和社區會員。在應付複雜的難題時，三個臭皮匠畢竟勝過一個諸葛亮。當你和其他人的努力沒有成效時，你或許需要試試諸如調解或訴訟之類更正式的方式。但是在如此做之前，請記得先參考以下三本Frances A. Karnes和 Ronald G. Marquardt 所著、記載他人經驗的書籍：《資優兒童與法律：調解、訴訟和開庭》（*Gifted Children and the Law: Mediation, Due Process and Court Cases*）；《資優兒童與法律議題：父母希望的故事》（*Gifted Children and Legal Issues: Parents' Stories of Hope*）；以及《資優兒童與法律議題：更新版》（*Gifted Children and Legal Issues: An Update*）。

• 當你對所有的一切感到疲憊時（而且你將會），想想孩子

如果你想在地方或國家層級上為資優孩子代言時扮演更活躍角色的話——許多家長在推動對這群孩子有利的法案時都不遺餘力—

—美國資優兒童協會（National Association for Gifted Children）有許多相關的資訊、指導、出版品、教養指南、國家政策和其他更多資訊，同時它在各地也有分會，它的網址是 www.nagc.org。藉此，你可以知道自己所在區域和全國的最新消息，同時也可以參與為孩子代言、急需的努力（譯註：關於台灣的資優資源，請參見附錄二）。

第十一章

支持資優孩子

　　所有孩子都需要情緒和社會上的支持，但是資優孩子卻比大多數的人更需要支持。有些資優孩子覺得自己孤立獨特，其中大部分都是完美主義者，他們對自己的一點小錯都無法容忍。有些則顯露出承受了極大壓力的徵兆。有些被同班同學的同儕團體排除在外；他們渴望那些其他孩子視為理所當然的友情和關係，但卻缺乏讓友情萌芽的社交技巧。

　　雖然研究顯示許多資優孩子都有正向積極的自我概念，然而同樣真確的是，其他資優孩子在情緒健康和社會互動上也有特殊的需求[29]。

　　以下是一些資優孩子最常面對的情緒議題：

- 壓力
- 沮喪
- 完美主義
- 友情
- 自尊

當然，許多孩子也同樣被這些問題困擾，但是資優孩子被影響的程度更深——他們的壓力更大、更沮喪、更強烈的完美主義、自尊更低，以及更痛苦的寂寞。教養這些由纖細神經組成的孩子會是個難題。我們應從哪裡著手呢？

管教與限制：主要的支持策略

家長和老師最重要的任務之一便是管教，利用持續一致的管教所產生的限制，可以創造出給孩子可預測感的界線範圍、世界是可理解之處的感受，和在這些限制內經驗自由的機會。所有孩子都需要限制和穩定感，然而對資優孩子而言，藉由持續一致的管教而產生的安全感更是格外必要。資優孩子的興趣廣泛、活力充沛、好奇心高、情感豐富、有許多點子和關切的議題，在他們的腦海裡有如

---

29 Hoge, R. D. & Renzulli, J. S. (1991). *Self-Concept and the gifted child* (RBDM9104). Storrs, CT: The National Research Center on the Gifted and Talented, University of Connecticut.

此多的事情團團轉，以至於他們很快就感到被壓垮、不受控制和害怕。由恐懼和困惑引起的混淆可能導致不同的情緒挑戰。藉由公平和持續一致的規則、限制和管教，就有可能減少或甚至消除情緒波動。

　　藉由將父母與師長的管教納入自我概念中，孩子學會如何自我管理。當他們成熟長大後，也能學著管理自己的生活。不會自我管理的孩子──資優或普通孩子──要在將來完全發揮自己的潛能，都將有一段困難的路要走。如果他們不能走自己的路、有始有終，以及為自己的行為負責的話，成功可能永遠都不會到來。

　　管教與處罰並不相同。管教（discipline）和門徒（disciple）這兩個字有相同的拉丁字根（意味學生或學習者），管教孩子也就意味著讓孩子變成門徒──幫助他們學習那些成人發現很重要的教條與價值觀，進而能過一個有價值、能實現個人抱負的人生。而要做到這點，則是言教不如身教，成人必須在日常生活中確實實行這些教條與價值觀。如同 Bruno Bettelheim 在他的書《一位夠好的家長》（*A Good Enough Parent*）[30] 中所說的：「我們對這句陳腔老調『你不用管我怎麼做，你照我說的做就對了』都耳熟能詳，但是我們仍然無法同意這個觀點，因為在教導孩子時完全不管用。無論他們遵不遵守我們的要求，在內心深處，他們回應的是心裡對我們性格與行為的感覺，而非我們的命令。」

---

[30] Bettelheim, B. (1998). *A good enough parent.* New York: Vintage.

如果沒有身教，則你不必期望學習。如果你對孩子說話粗魯，則你可以預期孩子也將粗魯以對。如果你高聲尖叫與怒罵，則準備好面對高聲尖叫與怒罵的孩子。相反地，如果你尊重孩子，你就可以看到他們尊重他人。如果你以禮相待，則你也會獲得禮貌的回應。始終如一的身教會帶來一致的行為表現。因為資優孩子的高智商和敏銳的觀察能力，他們很快就會注意到成人不一致的表現並會加以好好利用。

　　當然，有時候父母和師長的表現不一致，是因為成人通常會受到壓力和擔憂的影響。但是如果孩子能意識到父母與師長對他們的尊重，再加上能確知自己在家和在教室的行為後果，他們的情緒也會變得較為穩定。當成人發現自己處在不尋常的壓力下，像離婚或工作瓶頸的時候，尋求幫助處理自己的情緒問題會是較明智的做法。將這些壓力帶回家或帶進教室可能對年輕學子有不良的影響。

▓ 言語的力量

　　養育或教導資優孩子有時候真是試煉成人的耐心。但即使是必須糾正孩子的時候，目標也應該是去鼓勵孩子的熱情、好奇與原創性，而非讓他們洩氣。資優孩子通常都是完美主義者，而且通常都嚴以待己。有時候只要給他們一個所謂的「眼色」就可以改變孩子的行為。如果需要更多行動的話，成人就必須以正面的方式指出孩

子還必須改善的地方。資優孩子通常都很敏感，而嚴苛的話語可能
會傷了孩子的心。

　　有趣的是，負面的用語就像「打在兒身，痛在娘心」一樣，不
但傷了聽者的心，也會傷了言者的心。如果父母及師長持續用諷刺、
奚落和指責來批評孩子或學生的話，他們也在滋養自己心中的負面
部分——而負面的思考絕對無法孕育出正向的種子。正面的用語會
在聽者和言者的心裡鼓舞出正面的想法。

負面及洩氣話	鼓勵的言語
杰傑，為什麼每件事都要我說五百次呢？	杰傑，我十五分鐘前就要求你擺好餐盤。現在馬上去做，然後就可以開飯了。
好哇！瑪莉現在要和我們分享她偉大的智慧了呢！	瑪莉，我很高興你喜歡這個故事，但是現在輪到莎琳娜發言。
如果你連最簡單的作業都不做，你以後還能做什麼！	告訴我你為什麼不做作業？
你真是太可恥了！你有什麼權利對朵莉小姐這麼無禮。	你知道我們家不能容忍無禮的行為，而你今天對朵莉小姐非常無禮，你可以想一些讓事情好轉的辦法嗎？
你為什麼不用用上帝給你的腦袋！你有時候真像個白痴一樣！	我對你今天在遊戲場中所做的判斷感到非常失望。在處理像今天的情況時，有沒有別的處理方式，可以避免將來會產生的問題？

處理生命中的議題

對資優孩子或任何孩子而言，要無風無浪或不犯錯地平順過一生是非常不可能的事。人生必定要碰撞暗礁及岩石才能學習與成長。有時候孩子很容易就可以導正自己的航線，有時則需要別人的幫助。以下是一些要留意的潛在問題：

壓力

壓力是每天生活的一部分，所有的孩子都必須處理和管理自己的壓力。孩子必須學會駕馭挑戰、達成目標與期限，以及負責任的行為表現——而所有這些學習都伴隨著一定程度的壓力。某種程度的壓力可以使孩子成長、發現生活目標以及成功。

然而有時候，壓力卻會讓他們無法承受而感到苦惱。孩子通常不懂如何處理這令人窒息的壓力，這時父母和師長就必須站出來教導孩子並示範一些必要的應付技巧。

壓力的徵兆

　　就資優孩子而言，壓力有許多形式。有些孩子會變得過度亢奮而無法專心或做決定；其他孩子則變得緊迫盯人、要求不斷的支持與保證。有些孩子看來無聊、缺少動機；有些則發展出學校恐懼症。

　　在生理方面也可能顯現一些壓力的徵兆。孩子的姿勢可能變得緊繃受限而非放鬆。他們可能會發展出一些緊張的習慣或面部抽搐，像咬指甲、口吃或過度眨眼睛等行為。他們也可能會迴避目光接觸而且看起來慍怒、反社會的樣子。

壓力的來由

　　有些壓力的原因很明顯，舉例而言：親人或寵物的死亡、家庭的瓦解、疾病、搬家、新生的手足、新組合的家庭等等。

　　然而，有些壓力的原因卻較不明顯，包括有：

• 過高的期望

　　這些過高的期望通常來自一些關於資優孩子的神話，可能是由社會、父母、師長或孩子本身所抱持。例如有些成人相信資優孩子必須在每個科目拿到甲等、總是發揮潛能、每天都全力以赴、總是知道正確答案、在每項活動中排名第一，而且總是成熟懂事和獨立

自主。所有這些不切實際的「應該」加總起來就變成了無法承受的壓力。

• 對世界的憂慮

資優孩子通常對全球的議題有相當的覺察能力。他們可能會過度憂慮戰爭、疾病、捱餓的兒童、遠方的地震、國內外的暴力與民權問題，以及財富分配等議題。此外，有些資優孩子認為既然他們天賦異秉，他們就必須使用上天賦予他們的能力來解決世界上的問題——而且是馬上。當他們無法立即解決這些問題時，他們就會變得挫折和緊張。

• 過度急切的父母

鼓勵和壓迫之間只有一線之隔。例如一位家長注意到孩子有口語天賦，就強迫他每天大聲唸書一個小時，這就是壓迫；相反地，這位家長可以藉由帶孩子去博物館、嘉年華會、兒童劇院和旅遊來提供孩子無限的故事靈感泉源，進而鼓勵孩子的口語天賦。這位家長也可以要求孩子說一個特別的故事來當他的生日禮物或節日禮物。強迫孩子在一種結構性、強迫的情境中「使用他們的天賦」通常會使孩子感到相當程度的壓力。

• 撒手不管的父母

天秤的另一端則是無法提供孩子足夠結構性和教養的父母。這

些父母採取撒手不管的策略,也許是因為他們假設這些看起來像個小大人的資優孩子不需要太多父母的干涉。結果事實上是孩子自己教養自己,然而由於孩子缺乏生活管理的技能,他們無法有效率地讓自己成長,也因此他們通常承受很高的壓力並感到困惑。

• 太多活動

資優孩子擁有廣泛的興趣以至於想要嘗試每件事情,從空手道、學生管理、科學展覽,到醫院義工,而且通常都是同時進行。雖然有些資優孩子的確可以應付這些看起來會把人壓垮的課業和活動,但是其他同時進行多項活動的資優孩子則會感到緊張和挫折。

• 無法適性 [31]

在美國的學校,如果一個孩子六歲,那他就要上一年級。然而對一個已經精通三或四年級課業的六歲孩子而言,無法在他的能力和將他安置在一年級就學之間做適性的安排會導致相當程度的壓力。

這情形就如同一個以體重來分級的學校制度,要求所有十五公斤重的學生都上幼稚園、二十公斤的學生都上一年級、二十五公斤的學生就都分配到二年級一樣。大部分的學生都能符合這樣的分類標準而可以在適當的年級就讀,但是生長速度緩慢的孩子卻可能必須上同一個年級兩次,而生長速度較快的孩子卻可能被推動的太快

[31] Tolan, S. S. (1990). *Helping your highly gifted child*. ERIC Digest (E477). Reston, VA: ERIC Clearinghouse on Handicapped and Gifted Children.

了。

　　依年紀分級的系統有著相同的運作方法。一般智力程度和社交技巧的孩子在以年紀為基準的分級系統中適應良好，然而稍微聰明（或學習緩慢）的孩子卻因無法適性安排而受苦。學校系統是為了教育一般孩子而設計。家長和教師必須為一般之上或之下的孩子代言。為了做更好的安排，除了年齡之外，學校必須考慮更多的因素。

• 厭煩

　　一點也不令人訝異地，未被適性安排的資優孩子有時候在學校會感到厭煩。有些專家推論說將近四分之一到一半的資優孩子將時間花在等待其他同學追上他們。這種情況可能會導致災難的發生，因為感到厭煩的資優孩子可能會在教室裡搗亂。他們並非壞孩子；他們的行為失當只是因為他們缺乏應付厭煩的能力罷了。必須一再重複做已經做了很多次的事情，製造出他們還無法應付或處理的壓力。

　　但是成人必須注意到的是，有些資優孩子只是利用厭煩當作逃避不想做作業的藉口而已。在這種情形下，仔細的觀察以及親師之間的溝通就能夠幫助成人辨別事實的真相。

• 不必要的嚴苛

　　一位資優的成人最近告訴我一個故事：「我已經三十八歲了，但是這件事還是歷歷在目。當時我五年級，老師要我們寫一篇故事，

題目是『我是牆上的時鐘』。」

「我想了又想，但是卻沒什麼靈感，所以我用時鐘為起點來寫另一篇故事。我以一個男孩看著牆上的時鐘作為開始，然後不知如何地時鐘帶著他進入一個遨遊太空的白日夢中。」

「我在這個故事上花了很多的工夫。它足足有三十頁長而且非常有原創性。我仔細地描述我的太空衣，還有在宇宙中遨遊的感覺。我也論述了空間和時間的關係。」

「我得了個戊。」

這位成人現在是一個需要高度創造性的行業中的傑出人士，當時他卻是一位不知變通、只要有關時鐘故事的老師的犧牲品。這位老師拒絕獎勵主動性與原創性，只讚美那些不折不扣遵照字面意思的同學。也許這個故事並不足以得到「優」，但它絕對不應該得到不及格的分數。

在家中或學校中過度嚴苛和獨裁式的管教會導致權力的鬥爭。當孩子試著要符合這些不切實際的課業或行為上的標準，而感到無法負荷的壓力時，就會公開反叛、拒絕做作業或遵守家規。當他無法「做對」時，他就會竭盡所能地反抗，有時候甚至是完全地惡劣。親子或師生之間就卡在幾乎對每件事的持續戰爭中。

權力鬥爭也可能以低成就的形式出現。孩子知道自己不可能永遠得第一、贏得每一盤棋，和總是被選為班長，於是就放棄了嘗試。在學校或活動中失敗對孩子而言意味著兩件事：第一，掌控自己的生活；第二，會讓父母發狂。在嚴厲獨裁管教下的年輕女性可能會

認為她們唯一能控制的就是自己的身體而已；她們可能會以厭食或暴飲暴食來保有自己的控制權。資優孩子通常很激烈而且擁有強烈的意志力；當父母的期望比孩子的感受來的重要時，一場長期的痛苦鬥爭可能就要開始了。

• 孤單

由於資優孩子的興趣通常和同齡孩子或同班同學不同，所以很難找到志同道合的朋友。很少有一年級的小朋友會對恐龍的類別及各種恐龍生活的年代感興趣，也因此資優孩子很難找到可以分享興奮的同學。其他資優孩子則可能會因為太敏感、太激烈或太好奇而被同學嘲笑。他們可能會叫他「呆瓜」、「笨蛋」或「小娃娃」。因此許多資優孩子和同齡孩子相處時會覺得格格不入，而寧願獨自讀書，或與較大的孩子或成人待在一起也就不足為奇了。

你能做些什麼？

• 鼓勵孩子放鬆

難道成人在每一分鐘都達到最完美的境界嗎？或是他們的表現有時也不盡完善？那為什麼必須要求資優孩子完美無缺呢？

資優孩子大部分的時候都要求自己達到完美的境界，他們並不需要別人再來增加這種壓力。事實上，家長和老師能做的、對孩子

最有幫助的事，就是幫他們除去這種不切實際的重擔。他們可以幫助孩子理解資優孩子也只是個人而已，也會犯錯，甚至失敗，而這些都沒關係、也都可以被接受。再次強調，讚美他的努力而非成果。

請記得大部分資優孩子的天賦都只在一或兩種領域而已，不要期望他們在每個科目中都鶴立雞群。

也不要賦予他們太多的責任。資優孩子在智力上領先同儕，並不代表他們就有實際的能力可以照顧弟妹、準備晚餐或洗衣服。教導他們如何做這些瑣事，時候到了就讓他們負起責任，但是千萬不要只因為他們看起來能力很強就要求他們分擔過多的家事。

和孩子一同參與和學習資優領域之外的活動，像駕帆船、賞鳥或烹飪等。不要強調這些活動的成果，而專注在參與活動、樂趣、實驗，甚至是一團亂。從事這些孩子並不被期望比其他人做得更好的活動是很好的壓力消除法。

在教室中，當其他孩子都試過、但卻無法回答正確答案時，老師在要求資優孩子回答問題時也要特別當心。因為很有可能資優孩子也不知道答案，或者即使他們知道答案，他們也不願意被獨立出來作「班上的萬事通」。

你也可以教孩子一些特殊的放鬆技巧，像深呼吸、簡易的冥想和漸進的肌肉放鬆技巧。

• 讓孩子的利他主義有出口

雖然孩子無法解決戰爭或飢荒等問題，但是他們可以採取一些

行動來減輕社區中的痛苦指數。

　　一位高度資優孩子的母親當了多年的癌症義工。他常常陪著母親送食物去給這些癌症病人、帶他們去複診以及幫他們做些家庭雜務，也因此認識了許多的癌症病人。在他母親身上，他看到一個活生生的無私的例子。他內化了這種價值觀，因此當朋友們遇到問題時都來找他幫忙，便一點也不足為奇。就一個九歲男孩而言，他非常有同情心。

　　另外一位母親則是社工員，在她承辦的案件中常有一些無家可歸的流浪漢。她和她的丈夫常常帶著七歲的兒子到庇護所去，在那他看到了何謂沒有最基本的家庭溫暖。一樣地，他也是一個非常富有同情心的孩子。他常常和父母一起決定要將哪些玩具送給在庇護所遇見的孩子。

　　這些孩子學到生活的艱難以及人類守望互助的重要。他們對自己能夠成為解決問題的一分子感到滿意，而這也給了他們生活另一種特別的面向。

　　參加信仰團體、慈善機構或童子軍活動都是讓孩子開始助人的好方法，當然最好父母也能一同加入這些活動，畢竟透過身教的學習是最好的學習方法。

• 別過度強調學業成績

　　家長不應該讓資優孩子認為只有好成績才是讓他們有用的唯一因素，或是只有成績才是最重要的。相反地，家長應該藉由訂出做

回家功課的時間地點來培養孩子良好的學習習慣，或教他們如何使用字典或百科全書等資源，也可以以檢查回家作業等方式來鼓勵他們對自己的學習負責。

不要每晚坐在孩子身邊「幫」他們做作業，也不要一直訂正孩子的作業或要求他們一再重做直到你滿意為止，更不要幫孩子完成他們「忘記」做的作業。如果希望孩子發展出能自己完成作業的自律精神的話，他們就必須要面對忘記或沒寫完作業的後果。

自然後果（意即自然跟隨某件行為而來的後果）是最佳教師。例如，當孩子忘記帶作業到學校，打電話回家要求你在上班途中幫他把作業帶到學校時，你的第一個反應可能是做他要求的事來「解救」他。然而，藉著不幫他把作業拿到學校，你讓他經歷了健忘的自然後果。一旦孩子經歷了幾次自然後果後，他可能不需要父母的介入就能變得更負責任。

• 監督孩子的活動

如果孩子的活動太滿、壓力太多時，和孩子一同坐下找出他最喜愛的活動，並讓他從事這些活動中的一兩個。因為資優孩子可以看到許多的可能性，也通常對許多事情都很在行，因此選擇對他們而言極端困難，減少選擇通常令他們極度苦惱。

你可以幫助他們了解現在減少活動，並不代表以後都不能再從事這些活動。向他們解釋清楚精通一個興趣要比涉獵太多來的有用多了。

• 幫助孩子克服無法適性的問題

資優孩子生活中的成人必須共同合作以確保孩子能受到最適當的教育。在資優教育中尚有許多沒有事實根據的論點，包括：

——資優孩子必須和同齡孩子待在一起。何以見得呢？花大部分時間和智力同儕在一起的資優孩子，所遭遇到的社會化問題，要比花大部分時間和年齡年儕在一起的孩子少了許多。硬把資優孩子和智力落後許多的年齡年儕放在一起，只會讓他們遭遇更多的社會化問題。

在孩子的學習之逕上，他會有各式各樣的同儕：運動同儕、興趣同儕和活動同儕等。智力同儕對孩子一樣重要，在教育所在之處剝奪孩子的智力同儕既不公平也會產生不良後果。

——資優教育是精英主義。如果這個論點正確的話，那樂隊、運動校隊和辯論社也都是精英主義了，因為這些團體也是為了讓那些特別有天分的人更進步而設立的。

為什麼為這些智力上資優的孩子提供特別教導，會比為那些有運動天分的運動員們提供特別教導更顯出精英主義呢？為了卓越成就，我們必須培養傑出的人才，不論他是四分衛或是物理學家（或有時兩者皆是）。

——資優班對孩子造成太多壓力。事實並不然。一個經過適當鑑定而智力優異的資優孩子在資優班所感受到的壓力，比起那些想要有所成就、但卻因缺乏刺激而挫敗的資優孩子來的少。孩子的能

力若和學校提供的機會不一致可能會導致孩子極大的壓力。

• 強調孩子的良好表現

　　試著了解孩子看事情的眼光並以此評量他的作業。如果孩子無法寫出跟老師要求一模一樣的故事、畫出一模一樣的圖畫，或交出和其他人所寫的一模一樣的作業，老師強調的重點不應該是沒做完的部分而是強調做了的部分。故事是否有創造性？圖畫是否精美？作業是否寫完了？讓步一點。老師和家長不能期望這些資優孩子和其他孩子表現的完全一樣，相反地，應該要幫助他們找到能融入班級且表現良好的部分。

沮喪

　　全然的壓力和過度的自我苛求可能會讓資優孩子變得很沮喪。沮喪不僅是憂鬱的症狀之一而已，而是父母和師長必須認真以對的狀況。因為若不好好處理，沮喪可能會導致自殺。並不是說每個沮喪的孩子都會自殺，但的確有些資優孩子會，而成人必須知道該注意些什麼。

沮喪的徵兆

如同壓力，沮喪也有許多徵兆。如果你看到以下徵兆中的兩個或以上，就要注意了：對原先喜歡的活動失去興趣、朋友減少、飲食習慣或體重的顯著改變（增加或減少）、睡眠習慣的改變（睡太多或太少）、坐立不安、成績一落千丈、心神不寧或精力衰退、無法專心、自責，以及出現自殺的念頭。年幼的孩子可能會經常抱怨胃痛或頭痛，他們可能會變得易怒而且經常表現出很悲傷的樣子。

以上徵兆之一單獨出現時可能只是暫時的或是孩子本性之一而已。有些孩子本性就容易坐立不安或心神不寧；青少年的睡眠習慣可能會改變；發育中孩子的體重會增加；過重的孩子可能決定減肥；青春期的孩子可能更常躲在房間；十多歲的孩子對家庭聚會及出遊較不感興趣。以上任何一種徵兆都會讓大人擔心，但是僅出現一種徵兆並不一定就是沮喪，然而多項徵兆同時出現的話，就必須要注意，同時也可能需要心理學家或醫師的評估。

在大多數沮喪的案例中，孩子身上總是瀰漫著悲傷的氣氛，他們覺得無路可逃，並會出現許多上述的徵兆。孩子可能會有如下的敘述：「我覺得頭頂好像罩著一片烏雲，不論我到哪裡，它都跟著我。」、「誰在乎啊！根本沒人在乎！」、「我好累，我覺得我永遠都不會再有力氣了。」或是「我希望明天可以不用醒來。」

同時必須注意的是一些資優孩子非常善於隱藏沮喪。他們可能

表現出愉悅的樣子、說該說的話；其他的就以怒氣來掩蓋沮喪，變得爭強好鬥或表現出「少來惹我」的易怒神情。雖然大部分孩子的心靈狀態都有跡可循，但有些孩子卻十分善於偽裝，以至於即使是他們最好的朋友、老師、諮商師、心理學家和醫師都沒懷疑孩子處於沮喪之中。大部分資優孩子都有絕佳的能力，可以表現或說出他們認為大人期望他們表現或說的事情。

資優孩子的感受通常都很深沉及強烈。有時候他們的感受是如此痛苦，以至於他們會試著將所有情緒關上。雖然令人不愉快的感受沉睡了，但是快樂、喜悅和滿足等感受也一併被關上了。沮喪隨之而來。此外，關上情緒非常耗費心力，「隱藏」情緒的努力會導致難以承受的疲累。

沮喪的來由

對資優孩子而言，沮喪通常是因完美主義而起。完美太不切實際，但有些資優孩子卻為之掙扎到傷了自己的地步。

曾經有位挫敗的資優男孩說：「我根本就不應該上學，我早該知道了。」這是完美主義的結果。有趣的是經過一段艱難重重的青春期後，他長大後表現相當傑出。他在一個高度壓力的工作環境中逐漸成長，雖然他還是對自己期望過高，但是現在他將許多事做得很好而非做得完美。

沮喪也可能跟強烈的憤怒有關。事實上，沮喪的典型定義之一

就是「轉向內心的憤怒」。也就是孩子可能對他的朋友、家人或老師感到憤怒，然而他不對別人生氣卻轉而對自己生氣，結果卻是極度的沮喪。

很多資優孩子都至少經歷過一段「存在性沮喪」（existential depression）[32]，這類型的沮喪和他們試著找出是非對錯、倫理道德和人生意義等大哉問的答案相關。在和這些問題角力之後，他們也許會開始相信沒有正確的答案、沒有絕對、也沒有值得堅持的東西。這一切讓他們對生命感到憤怒，然後沮喪。這份沮喪慢慢地讓他們認為人生根本一點意義也沒有；原先重要的東西也都不再重要了。

其他沮喪的理由和引起壓力的理由有關：太多的壓力、太多活動、無法達成他人的期望、感到孤立，和莫名的罪惡感。

你能做些什麼？

首先，拋棄沮喪的人是弱者，或沮喪也是一種選擇的想法。有選擇餘地的話，沒有人會選擇像沮喪這樣讓人感受悲傷和無助到無以復加的地步。不要對一個沮喪的人說：「振作起來。」你會叫一個體格很棒的人再去跑幾圈操場鍛鍊體格嗎？不會吧？這就像叫一個沮喪的孩子不要再沮喪了一樣的沒有用。

---

[32] Webb, J. T., Meckstroth, E. A., & Tolan, S. S. (1982). *Guiding the gifted child*, pp. 193-195.

其次，不要用講理的方式來讓孩子不再沮喪。沮喪是不講道理的，所有提醒孩子應該感到快樂的理由可能會讓他有罪惡感，而導致更嚴重的沮喪。

認知重新定義（cognitive reappraisal）[33]是一種有用的技巧。它讓孩子了解到情緒可能是因為一些他沒有察覺到的想法引起的。舉例來說，孩子考試考糟了，他的情緒反應可能是覺得自己沒用，但是情緒背後的想法可能是：「我絕不能失敗。」如果你能幫孩子檢視這些負面情緒背後的想法，你就能幫孩子發展出較正面的態度。

孩子：「我真沒用。」

成人：「你為什麼這麼想？」

孩子：「考試這麼簡單，我還考砸了。我真是笨。」

成人：「你是說只有愚笨的人才會考砸嗎？你能想出其他讓你考不好的理由嗎？是不是考試中有哪些特別困難的地方，雖然你說考試很簡單。」

孩子：「如果我像別人說的一樣聰明的話，考試應該很簡單才對。」

孩子現在找出問題的關鍵所在。考砸了這件事之所以讓他感覺糟糕，是因為他想要達到一個不切實際的標準。他內化了錯誤的信念：資優意味著他絕不能拿到「優等」以下的分數。

成人：「你相信資優的人總是表現得很完美嗎？資優的人可不

---

[33] Burns, D. (1999). *Feeling good: The new mood therapy.* New York: Avon.

可能犯錯或失敗呢？」

孩子：「嗯，我們應該比其他孩子表現得更好。」

成人：「永遠如此嗎？」

孩子：「大部分時候。」

成人：「那你大部分的時候有表現得更好嗎？」

孩子：「有，除了應用問題以外。」

成人：「談談你考砸了的那個考試。」

孩子：「有十題數學題和十題應用題，我討厭應用題。」

成人：「為什麼？」

孩子：「我就是搞不懂，我了解數學題，但是我就是弄不懂應用題。找出這些問題到底要幹嘛真是太難了。我寧願做一些『真的』數學題，應用題都是編造出來的。」

　　現在孩子有些進展了。他從「真是笨」到說出他在應用題方面有困難。從這一點切入，家長或老師就可以給他許多建議，像同學的指導或是學習一些如何從應用題中找出真正數學題的小技巧。

　　當然，這是一個紙上談兵的例子。幫助真正的資優孩子解決真正的議題並不像這個例子這麼容易，而且資優孩子通常都有一個以上的考量。但是令人寬慰的是，由於資優孩子的智力較高，他們通常也較容易理解「思緒—情緒」之間的關聯。一但他們察覺到問題是由於他們對自己的想法引起，而不是因為他們本質上真的有問題時，他們就能學到以較健康的方式處理問題。沮喪有時候就能減輕了。

如果任何年紀的孩子沮喪到要勉強自己起床、總是失眠、得到厭食症或暴飲暴食、試著傷害自己或是講出要自殺的話時，家長必須要立即尋求專業的協助。打到自殺危機專線求助。若是必要，帶孩子到醫院急診處求助。不用感到尷尬，你的孩子需要幫助，而你是唯一能確使他得到幫助的人。

完美主義

完美主義是對任何不完美或達不到高標準的事物感到不高興的傾向。如同 Sylvia Rimm 在《教養資優兒童之鑰》（*Keys to Parenting the Gifted Child*）中所說的：「完美主義遠超過卓越的要求：完美主義容不下任何錯誤。結果必須是最好的 [34]。」完美主義是資優孩子廣泛擁有的特徵之一，雖然它可能僅限於孩子日常生活的某一部分而已。例如，執著於要將學校作業做到完美的孩子可能有一間像垃圾堆一樣的臥室。

---

[34] Rimm, S. (1994). *Keys to parenting the gifted child.* Hauppauge, NY: Barron's Educational Series, Inc.

完美主義的徵兆

完美主義會以多種不同的樣貌出現，有些可以預測，有些則令人驚訝。沒辦法做到完美的孩子通常會感到挫折和憤怒。他們可能為了一些瑣碎的小事向家人或朋友大發脾氣；或即使在有趣的活動中也感到很悲傷。完美主義有時候也會偽裝成低成就的型態。一直無法達到自己強加於自己標準的孩子有時就不再嘗試了。他可能會拒絕做回家作業或準備考試，而變成典型的低成就者。

完美主義的來由

資優孩子的完美主義和身心不同步的發展[35]相關。記得想要從事寫作但精細動作技巧卻尚未發展好的珍妮嗎？她就是一個典型的例子。一個五歲資優孩子的腦海裡對一幅圖畫、一段散文或一段關係應有的樣子可能和一個八歲、十歲甚至十二歲的孩子一樣，但是當他無法達到想像中的樣子時，他們就會變得心煩意亂。

---

[35] Silverman, L. K. (1993). *A developmental model for counseling the gifted.* In L. K. Silverman (Ed.), *Counseling the gifted and talented,* pp. 57-59. Denver, CO: Love Publishing Company.

你能做些什麼？

有高度期望的本身並不是壞事，任何行業中的佼佼者都可能有完美主義的傾向，從 Thomas Jefferson 到 Albert Einstein 到 Sally Ride，生活中常常都會發現抱持高標準的人們，而他們也在各自的領域中做了極大的貢獻。

資優孩子生活中的成人要幫助他們了解，設立高標準是一種值得讚揚的特質，追求卓越成就也是一件很好的事情。但是他們也必須幫助孩子了解，無法達成這些特別高的標準並不是沮喪或喪失自我價值感的理由。資優孩子必須知道追求卓越成就的價值是在其行為本身而非結果。

此外，成人必須對這些孩子指出失敗為成功之母。所有的改革者都是從數百次或甚至數千次的錯誤中學習。所有這些錯誤和摒棄不用的假設都是後來成功的鷹架。有時候找出行不通的部分就和發現行得通的部分一樣必要。如果父母和師長能對資優孩子指出他們自己犯的錯誤並自我解嘲，也會很有幫助。「記得那次我做藍莓派卻忘了放發粉嗎？哇！那蛋糕還真扁哪！但是我們還是把它吃完了。它也許不夠完美但是也還不錯。」

另外要提醒孩子他不能期望第一次嘗試就把事情做得完美。參加奧林匹克滑雪的運動員在熟練到能贏得獎牌之前，需要跌倒多少次？在第五號交響曲成為世界名曲之前，貝多芬需要改寫多少次？

所以資優孩子怎麼可能在第一天上學就能把字寫得很漂亮呢？在精通錯綜複雜的科學方法前，要經過多少錯誤嘗試呢？

除了幫助孩子發展實際的期望之外，父母和師長也可以向孩子建議一些增加成功機率的日常策略，包括：

• 保持良好的健康習慣

如果孩子睡眠不足、飲食不健康或無法避免一些改變心智的物質，他達成目標的機率就會大幅下降。

• 練習時間經營

若孩子想要完成特別的企劃或考好測驗，他必須給自己足夠的時間來完成這個企劃或準備考試。

資優孩子的學習步調通常很快，他們有時候看不出有一步一步朝向目標的必要。舉例來說，如果有一個單元測驗，他們可能會等到前一天晚上才開始準備整個單元。這種死記硬背的技巧有時候有用，因為這些孩子可以在短時間內處理大量的資訊，然而這也造成不小的壓力，而且如果這個技巧失效的話，就可能會導致尷尬的失敗。

父母和師長可以根據孩子的發展階段，指導他們時間經營的技巧。一個小肌肉控制技巧有限的六歲孩子可能無法接受每天用手寫行事曆，但是他可能願意接受用電腦來做行事曆，因為電腦只要用滑鼠點一點就好了。

● 設定目標和優先順序

　　並非每件人們在生活中想要完成的事都會有完美的結果。成人通常將重心放在優先度最高的事情上，而我們也可以教孩子設定優先順序的技巧。

　　藉由和孩子談天，我們可以幫他察覺對他而言什麼是最重要的，以及幫他設定優先順序和完成目標的時限。當孩子理解到他們必須為這些重要領域保留精力時，他們就比較不會在很多活動中多花太多精力，試著都要達到卓越的地步。

　　大部分的資優孩子都參加了太多的課外活動。這種設定優先順序的技巧可以幫助他們釐清哪些活動真的很重要，而哪些他們應該放棄。

友誼

　　因為身心不同步的發展，資優孩子很難交到朋友。這是他們挫折來源之一，他們可能會覺得寂寞。他們良師的年紀太大也忙著過自己的生活；他們的年齡年儕太不成熟；而他們的智力同儕卻認為年幼的資優孩子不適合當他們的朋友。

友誼議題的徵兆

對資優孩子而言，交朋友是一個很大的議題。有時候最大的問題是他們似乎沒有任何朋友。相反地，如果孩子試著要融入各個團體，那他的周遭可能會圍繞著許多同年齡的同儕，可是卻很少有真心交往的朋友。

友誼議題的來由

資優孩子交友困難有以下數個理由：

- 當資優孩子找到一個志同道合的朋友時，他可能會過度要求情感上的親密而讓新認識的朋友感到疲累。
- 完美主義的資優孩子可能會以相同的高標準要求朋友；而大部分的人都達不到這個標準。
- 有些孩子可能沒有自信能和比他聰明許多的孩子成為朋友。他們可能會認為資優孩子既自負又高傲。因他人的資賦優異而倍感威脅的孩子可能會非常殘忍——辱罵、嘲笑及欺負資優孩子。
- 年幼的資優孩子可能會很跋扈，常常告訴其他小朋友怎麼做作業，每次遊戲時都堅持遊戲的規則。自然地，其他孩子會避免和跋扈的孩子在一起。

你能做些什麼？

資優孩子有強烈的需求，想知道自己不是「討厭鬼」或「怪物」。最好的方法就是讓他們認識其他孩子。

參加資優孩子家長的支持團體[36]並幫助孩子認識其他資優孩子。找出一些讓資優孩子參加的暑期班或其他型態的密集課程，在那他們可以找到很多像他們一樣的同伴。在這些經驗裡，當孩子一同研究讓他感興趣又有挑戰性的計畫時，孤立感就消失無蹤了。

在暑假滋長的友誼不需要隨著課程結束而結束。他們可以透過大量的電子郵件來繼續共同研究特定的興趣，或僅是保持聯絡。資優孩子可以擁有無限多這種友誼，因為世界上的每一個城市裡都可以找到這樣的資優孩子，而網際網路和電子郵件通訊更讓州際間的友誼可能發生。當然，父母和師長在學期中也必須盡可能地常讓資優孩子聚在一起。即使是最棒的線上友誼，也不能取代學校真實生活中的朋友。特殊課程讓資優孩子有個可以聚在一起的場所，並讓他們感到被接納及被重視。

另一個幫助孩子發展友誼的方法是培養孩子的移情作用和同情心。當資優孩子學到他們必須尊重每一個人，而非僅是有能力的人

---

[36] Webb, J. T. & Devries, A. (1998). *Gifted parent groups: The SENG model.* Scottsdale, AZ: Gifted Psychology Press. (SENG stands for Supporting Emotional Needs of Gifted).

時，有助於孩子從跋扈變成領導，也能使完美關係的要求柔和下來。

同情心和友誼的最好模範永遠都是孩子的父母。你可以教孩子如何做一個朋友：在朋友有需要時支持他，當朋友成功時為他們高興，以及傾聽朋友的心聲。當然最重要的，確保資優孩子有朋友的最佳方式就是當他的朋友。

 自尊

很多大人都覺得很奇怪，這麼聰明的孩子怎麼會有自尊方面的問題，然而他們的確有這方面的問題。許多資優孩子評估自己就像評估別人一樣的密集，而且總是充滿自我懷疑。

低自尊的徵兆

低自尊不會單獨出現，它是以上所討論議題的症狀之一。舉例來說，一直被批評的孩子很可能會是低自尊的孩子。掙扎於完美主義的孩子在面對持續的失敗後，自尊心可能會下降。倍感壓力的孩子可能同時苦於低自尊的問題。幾乎可以肯定的是，交不到任何朋友的孩子會喪失自我價值感。

你能做些什麼？

為了建立孩子的自尊，父母和師長有時候會專注在症狀上，反而沒有注意或處理到潛藏的、像完美主義或壓力等問題。他們想藉著表面的自尊課程，或試著使用對孩子自尊有正面影響的教養方法，來處理孩子低落的自我形象。然而若不處理孩子的主要問題，他的自尊可能會一直保持在低落的狀態。

如果班級中建立自尊的活動沒有能讓每個孩子都融入的後援計畫，那很有可能會導致悲慘的結果。在郊區學校的一位老師解釋說，他要求學生用手搭起橋樑，當每個人通過橋下的時候，別人就要說出他的優點。對大部分的學生而言，這是一個正面的經驗，但是當班上唯一的資優孩子通過橋下時，就只有完全的沉默。這些孩子並不是故意那麼殘忍；他們只是無法認同這個小女孩，他們不知道要說些什麼所以保持沉默，結果可想而知。

在另一個班上，中年級的孩子設立了信箱，每個人都可以寫信給他的同學，一樣地要寫些正面的評語或問題。然而這個活動缺少了正確的規定，受歡迎的同學收到一大堆的信，而有一個同學卻沒收到半封信。他說：「我覺得自己完全隱形了。我想不出這代表什麼意思，是我的同學們不喜歡我還是他們對我根本就漠不關心？就某種程度而言，這比收到厭惡的信件更糟。」

想在班上使用自尊活動的老師必須建立一個安全機制，確保沒

有孩子會因此受苦或被遺漏。他們必須非常仔細地監督活動的進行。一個幼稚園的老師非常仔細地處理這種自尊活動的課程。每個孩子在他的班上都可以當一週的「公布欄之星」。公布欄上會有他的大海報、作業的範本和其他孩子給他的正面評論。當其中一個孩子在六年後死於血癌時，他的家人在殯儀館裡展示他在幼稚園時的這份海報。很明顯地，在他短短悲劇的一生中，那是段很重要的時光。

真正的自尊來自於他人接受真正的你，來自於被重視、被照顧及被了解。自尊也來自於贏得挑戰和充分發揮能力。父母是無條件的愛、接納和適當管教的主要來源——而所有這一切都能滋養孩子的自尊。

老師也必須提供挑戰、成功的機會，以及讓資優孩子在智力和社交上都能充分成長的正面強化。

有力的同盟——書本

有一種父母和老師能用以幫助資優孩子應付壓力、沮喪、完美主義、友誼議題和低自尊的方法，那就是讀書治療法——使用文學幫助孩子了解和解決問題 [37]。透過讀書治療法，資優孩子可以學習

---

[37] Halsted, J. W. (1994). *Some of my best friends are books*. Scottsdale, AZ: Gifted Psychology Press.

如何認清及處理他們的情緒。有許多不同的兒童書籍及故事反映出資優孩子面對的問題，諸如寂寞、特殊和家庭問題。有些非小說類的書籍是專為資優孩子而寫，而有些小說或短篇故事則是透過敘述和對話來討論這些問題。

　　讀書治療法讓孩子在探索困擾他們的情緒時感到安全。當他們認同故事中的主角時，他們可以檢視和認清自己的擔心和困惑。他們開始在自己的生活中詮釋和應用書中的道理、嘗試各種不同的點子和解決方法，先在一些事不關己的瑣事上嘗試，然後再應用到真實的生活上。在各個年齡層都可以有效地使用這個技巧，藉由知道他人也曾有過相同的經歷，孩子和青少年較不會感到孤單。

　　讀書治療法是一種雙向的活動。你不能交給孩子一本書就期望孩子能在書中看到自己。孩子需要和一個知道如何問開放式問題、仔細傾聽回答和推動對話的接納的成人來討論這本書。這個人可以是一位老師、圖書館員、諮商師或父母。

第十二章

為了孩子合作

並肩合作

　　在一個不懂孩子獨特之處的世界裡，父母和教師是孩子的安全網。最理想的情況是父母和教師在孩子的教育上是同盟的關係。資優孩子如果知道這些重要他人能自願為他們並肩合作，會讓他們更有安全感。但是不論父母和教師是否真的相處愉快或各有不同意見，他們仍應該在孩子面前表現出陣線一致的樣子。

當你必須選邊站時，孩子是優先的考量

　　不幸的是許多資優孩子的教育狀況並不理想，在這種情形下，孩子的福祉必須是父母最優先的考量，超過對教師、學校或學區的忠誠支持。如果教師和學校行政人員有較豐富的資優教育方面的知識，或是受過較多和資優孩子相處的訓練，那他們很可能會比較支持資優孩子所需要的介入方案 [38]，然而大部分的教師、心理學家、諮商師或學校人員卻很少去探索或培養相關的知識。這群人並不是對資優孩子特別有敵意，他們只是不知道要如何與其相處罷了。若是教師或學校行政人員都沒受過相關訓練，那資優孩子就會苦於缺乏注意力和缺少啟發了。

　　必須另謀高就的教師僅在少數——利用羞辱和懲罰來維持教室秩序的教師；班級經營只是嚴厲控制、學習方式只是死記硬背而非討論探索的教師；以及冷淡疏遠的教師。這些教師會對資優孩子的學習、社交及情感生活造成很大的傷害。如果孩子開始告訴你他覺得學校沒有挑戰性、很無聊，或更糟地，開始告訴你一些辱罵、諷刺或不公平的故事時，你就必須開始釐清情況了，但是也不要馬上就妄下斷語地認為孩子百分之百正確，而教師就是完全錯誤。

---

[38] Clark, B. *Growing up gifted*, p. 166.

即使是最資優的孩子也可能判斷錯誤，更何況大部分的孩子——不論資優與否——都會偶爾抱怨一下學校、老師、校長，或只是發發牢騷而已。學生不喜歡老師的理由有一大串——他太嚴格了（這可能意味著他的班級經營很好）；她很怪（這可能是因為她的髮型跟不上時代）。如果孩子說了一連串的抱怨卻沒辦法給你單一事件的具體描述，那你最好讓他自己（在你的幫助和指導下）解決他和老師之間的問題。你可以和老師會面來評估孩子的擔憂是否合理。如果在你看來這位老師相當有能力，而且他的解釋很合理也令人信服，那就沒必要改變孩子在班上的情形，這也是幫助孩子學習如何成功地和不喜歡的人互動的教育機會。這是所有孩子都需要的生活課題，畢竟在真實世界中，他們必須和各種不同的人一起工作，這當然也包括那些他們不會選來當朋友的人。

然而如果你和老師的會面讓你覺得他是個沒有調整課程專業知識、不相信資優教育方案，或是刁鑽苛刻的人，你就必須採取行動將孩子從這個不能實現個人抱負、很可能有害身心的環境中調走。和其他家長討論一下，這位老師對其他同學的處置也可能不適當。

年紀較長的孩子對老師的判斷通常已經發展得很好了，然而要再次提醒的是，少數單獨的事件並不能構成和老師爭論的理由，雖然的確應該要和老師商討如何消除彼此的歧見。然而當孩子開始每天冗長具體的抱怨就是該行動的時候了，孩子有權期待你對他的支持，你應該盡全力來幫助他脫離有害身心的環境。

有時候你為孩子所做的決定會很困難，你也許必須要從現在的

學區搬到另一個較為接納資優教育的學區。如果你決定待在原來的
學區，你很可能被迫要不停地為孩子主張權利，很可能會被認為是
「愛管閒事的人」或「討厭的傢伙」，甚至最後還可能必須要上法
院。其他家長曾經這樣做過，他們的勇氣和堅忍不懈的精神讓他們
的孩子——以及其他的資優孩子——能夠接受他們應得的教育。不
論你選擇哪一條路，要保持正面和禮貌的態度，千萬不要涉及謾罵
或人身攻擊。將焦點集中在目標上，你正告訴孩子一個重要課題—
—他可以相信你是最支持他的人。

親師溝通：更有效率的方法

　　親師之間有兩種溝通管道——正式及非正式的管道。正式的管
道包括親師會談和家庭聯絡簿等，非正式的管道則在家長以朋友或
同盟的身分前來參與學校活動和教師互動時產生，通常來說非正式
的管道比較有用。

　　正式的溝通管道對親師雙方而言都有些嚇人。如果教師要求召
開一次特別的親師會談，家長可能會有受威嚇的感覺；如果家長要
求召開親師會談，教師可能會有防禦的心態。這些感受之所以產生
是因為通常召開親師會談都是為了處理某些問題，而不是讓家長分
享孩子有多喜愛學校，或是讓教師滔滔不絕地讚美學生的成就（當
然如果有更多這類的親師會談就好了）。

不論哪一方要求召開親師會談，以下是一些讓會談更有效率的技巧：

• 先傾聽

不良的溝通起因於討論前就先對對方想說的話有先入為主的觀念。舉例來說，你可能在會談前就認為老師要和你討論孩子的饒舌，而你早就準備好為孩子辯護的理由。然而你可能會很訝異地發現老師擔心的是孩子在班上太安靜了，而他想要聽聽你的建議，討論一下如何讓孩子外向一點。

• 保持眼神接觸

眼神接觸確保傾聽。當人們認為聽者對他們所說的內容感興趣時，他們的心胸會比較開放。眼神接觸會製造一種感興趣和接納的氣氛。

• 回答之前先等等

有時候人們覺得自己在傾聽，而事實上卻在準備回答。如果想確定自己是否真的聽進他人所說的話，回答之前先等五秒鐘，這短暫的暫停能幫助自己確認你以為你所聽到的，是不是你真正聽到的話。

• 換一種敘述方式

假設有一個老師說：「博蒂娜總是在其他小朋友有機會想答案之前就把答案大聲說出來了。」這其實是一個滿中性的敘述，但是你可能把它解釋為老師覺得博蒂娜太吵了。在你回答之前，和老師確認一下你的想法。

你可以說：「如果我沒誤解你的意思，你擔心博蒂娜太吵了。」老師可能會回答：「不是這樣的，音量大小並不重要，而是因為她的腦筋動的很快，其他小朋友跟不上。她知道答案，又沒辦法等到輪到她時才發言，這樣班上的討論很難進行下去。你覺得我們要怎樣才能讓他合作，給其他小朋友一些機會發言？」換一種敘述方式能澄清彼此的說法，並確保雙方討論的是同一件事。

• 強調「我們」而非「你」

若成人說話時以「我們」或「我們所有人」來表達，則孩子的感受會比較正面。這些敘述有助於消除指責怪罪的感覺。

• 保持禮貌

當人們聽到關於自己教養方式或教學技巧上負面的意見時，很難保持禮貌。這時請將焦點放在問題上，而不要放在感覺上。先前提到的暫停五秒的技巧在你覺得受到攻擊時也相當有用。等個五秒鐘再回答，才不會說出稍後會讓自己後悔的話。

• 記得要謝謝對方撥冗相談

教師也有配偶和孩子，而親師會談常常占據許多教師個人或家庭的時間。大多數的家長也有工作，為了親師會談空出來的時間可能會減少家長休假的時間。記得要珍惜這段時間。

• 控制你的情緒

有時候你有絕對的理由生氣、難過或其他情緒，但是除非特例，否則不要在任何一方生氣或苦惱時召開會談。等到冷靜下來能仔細思考時再和對方會談。

• 抱持開放的心胸

在家裡有用的策略不一定在學校有用；在學校成功的策略在家裡可能會一敗塗地。抱著向對方學習的心態前來會談，而不是為孩子推動特殊的議程而來。

• 寫謝函

寫一張謝函給老師，上面摘記會談的重點和彼此同意的決定。如果老師稍後不願意實施彼此同意的策略，你可能需要文件證明，或者你可能需要證明孩子的課程已加速或已做了其他類型的課程選擇。

• 明瞭你也許必須參加多次的會談

假使有的話，也很少有一次會談就可以解決複雜的課業、社交或情緒上的問題。找到正確的安置方式或課程是一直持續不斷的議題。

在親師會談中——如同生活的各個領域一樣——一點的體貼和圓融就能避免困窘的局面。記得家長和教師是以不同的觀點來看事情的。

低年級的班上可能有三十幾個學生，老師整天陪著他們，但是在國高中，因為開課的變化，老師一年的課程中可能會有數百個學生，而且每年都要處理新學生的事情，他們不太可能會像學生的家長或監護人一樣對他們有那樣深的感情。

然而老師們每天和孩子在一起的時間很長；他們的直覺和洞見通常很準確、值得家長參考。為了合作愉快，家長和老師要知道對雙方而言重要的是什麼。以下是從家長和老師雙方面蒐集而來關於他們感謝和建議的資料：

家長希望老師知道的十件事情

一、我很感激你知道我的孩子不需要一直做同樣的練習。你讓我的孩子有機會在表現傑出的領域中以自己的步調學習。

二、我很高興你了解資優只是孩子的一部分。不論在正面或負面的事情上，你不會一直針對我的孩子，你讓他可以單純的當個孩子。

三、我很高興你能了解我的孩子無法在每個領域中都表現傑出，你也不會迫使他達成不切實際的期望。每個資優孩子都是獨特、與眾不同的。我很感激你能理解他是獨特的個體，而不僅是被貼上資優的標籤而已，同時我也很高興你能知道，要求他在學校生活中的每個面向都表現突出，不利於他社交和情緒的發展。

四、你能信任我的孩子讓我覺得很高興。我的資優孩子喜歡為自己的學習負責。當你信任我的孩子能獨立工作時，你讓他的自律和自信同時發展。

五、我很滿意你和我溝通。我想知道你在學校使用的策略以及它們的功效如何。這樣我就能夠在孩子的教育和發展上支持你的努力。

六、當你待我如夥伴時，我覺得受到重視。並非所有的老師都了解資優孩子智力、社交和情緒上的需要。身為資優孩子的父母，我決心研讀這方面的研究。我很感激你能了解我已經累積相當多的相關知識。

七、我很感激你不會和其他父母討論我的孩子。我們之間的事僅止於我們之間。我的孩子和我有權保密，而我希望你能做到。

八、我不喜歡你假設我的教養態度。如果我的孩子在學校表現不適當，請不要自動假設他在家裡也一樣。並非每個不良行為都起

因於不良的教養態度。請和我討論孩子的行為，這樣我們可以一起解決問題。

九、當你根據孩子的身材、年齡或其他無關學業表現的考量而堅持加速孩子課業時，我覺得很挫折。以資優成人來做的長期研究顯示，即使年齡和同學不同，這些課業曾被加速的資優孩子和課業未被加速的孩子一樣受到歡迎且一樣常居於領導地位。

十、我發覺很難和一個認為所有孩子都是資優孩子的老師相處愉快。這就像是說所有孩子都是智障一樣。我同意每個孩子都很特別；每個人都是值得重視和珍愛的個體。我也同意每個孩子都有不同的天分和能力，培養這些能力是很重要的。然而，並非每個孩子都像我的孩子一樣展現出那些先進的認知技巧和能力。如果我的孩子要成長和表現傑出的話，他必須要有加速的個別指導和彈性教育選擇。

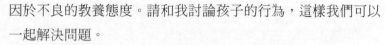 **老師希望家長知道的十件事情**

一、我很感激你不在開學的前兩個禮拜召開親師會談。剛開學的前十天我正忙著記學生的姓名；安排每件事情，從班級特色、到午餐、到掃除工作等等；認識新老師和行政人員；還要處理一大堆其他的事情。這真的不是深入會談的好時機。

二、我很感激你在孩子面前尊重我的表現。如果你擔心我或我的教

學技巧，請私底下來找我，而不要告訴你的孩子「真不知道他在幹什麼」。這種敘述等於默許孩子不用服從我、可以忽視班規，或在班上表現不適當的行為。

三、我很感激你願意蒐集第一手資訊而不是道聽途說。如果你對於班上發生的事有疑問，請直接來詢問我或來班上觀察一下。孩子描述的意外事件可能會變得很誇張也不正確，如果在沒有澄清的狀況下一再在家長之間流傳，老師很可能會因為一些根本沒有發生的事情而被誹謗。

四、當我知道我們的對話會被保密時，我對我們的合作能力較有自信。如果你和孩子分享我們的討論，你可能會誤解我說的話或將我說的話斷章取義，這都可能會對孩子造成傷害。

五、我很感謝你了解班上有許多孩子。身為孩子的老師，我每天都會盡力讓他獲得他需要的加深加廣的學習或強化。我很感謝你能了解我也必須照顧其他有特別需求的孩子，以及確保其他能力不如你孩子的學生們不會因為我的疏於注意而失敗。

六、我很高興你能參與學校活動。當我透過非正式的面談更了解你後，我也更了解你的孩子。在一年兩次、強制規定的晤談中會面並無法在我們之間建立緊密的關係。

七、我很高興你能尊重我的私人物品。如果你在班上擔任義工的話，我希望你知道成績簿和檔案這些文件除了我以外，別人不能閱讀。

八、你在家中豐富孩子的生活是一件很棒的事。學習不只在學校發

生，也在學校之外、週末和暑假時發生。教育是每個人的工作。你為了加廣孩子的經驗而做的每件事，都能為我設計的每一堂課帶來新視野。

九、我很高興你待我如夥伴。關於如何合作以讓孩子接受最好的教育，我很願意聽聽你的意見。如果你有相關的文章和書籍，請和我分享。

十、當你試著命令我怎麼做我的工作時，我覺得挫折和惱怒。教育有許多你不懂的面向，除非你也是一位老師——而且也在我的學校、教我的學生及處在和我一模一樣的情境之下。現今教育制度中教師有許多的義務，而不只是讓所有學生通過學力測驗而已。有一些我一定要遵守的政策和程序，而且我也不能如你所想地那樣常去更改它們。請多信任我一點。

團體工作意味著傾聽、從他人的觀點看事情、尊重和體貼彼此，以及表達謝意。這些行為能夠培養親師所需的合作關係，以幫助資優孩子得到他們應得的成功。

第十三章

問與答

問：我兒子的老師說他在班上總是坐立不安而且常做白日夢，他認為他可能患有注意力缺陷過動症（Attention Deficit Hyperactivity Disorder, ADHD），我不否認有時候我覺得老師可能是對的。我怎麼分辨他的行為是和過動症有關，還是只是資優表現的一部分呢（資優部分已由一連串的測驗證實）？

答：當然您的孩子可能同時患有過動症，就像一個資優孩子可能同時也是肢障或學障的孩子一樣。另一方面，他的注意力不集中也可能只是因為覺得無聊或是伴隨資優一併出現的精神運動不安。以下是能幫助您釐清問題的一些題目[39]：

---

[39] Webb, J. T. & Latimer, D. (1993). *ADHD and children who are gifted*. ERIC EC Digest (E522). Reston, VA: The Council for Exceptional Children.

- 您的孩子在看電視或打電動之外，能長時間靜坐並專注在一件事或一項活動上嗎？
- 他做事有計畫和目標嗎？
- 在可以讓他腦力激盪的情況下，他可以持續專注嗎？
- 他對自己感興趣的領域是否設立高標準並使命以達？
- 孩子生命中的重要成人對他的行為是否有不一樣的看法呢？也就是說孩子在不同的情境中——學校、教堂、課後活動時——是否表現不一呢？

　　如果大部分的答案都是「是」的話，那孩子的表現很可能是像大多數的資優孩子一樣，也就是說，他之所以無法專注在一項工作上或無法完成作業，很可能是因為他對這個特定的課程範圍沒有興趣或是覺得挑戰不夠而已，而不是患有過動症。但是如果您還是有所懷疑或擔憂的話，讓他做些關於注意力缺陷過動症或情緒困擾方面的心理測驗，或是做個徹底的身體檢查，以確定他在班上和其他地方行為不一致的原因是否有一些隱藏的病因。這樣也會有所幫助。

　　如果在仔細的檢查和測驗後，確定孩子患有注意力缺陷過動症的話，這邊有一些您可以試著幫他長時間專注的策略，同時學校的心理學家、小兒科醫生和老師也都可以幫助您。

　　若除了資優以外找不出其他原因，這時就應該帶著測驗結果去學校和老師商討孩子教室行為的原因。試著成為老師學習經驗的一部分。詢問孩子一整天在學校的行為為何；有禮貌地和老師分享知識及提出策略；詢問老師的意見並記得要給老師回應的機會。

行為策略通常可以幫助孩子學習如何專注於一項任務、忽略令人分心的事物，以及變得較不衝動。有時候一份在學校使用、類似學習合約的簡易行為合約也很有用。以下是一份例子：

簡易的行為合約

　　我，布魯斯麥格羅，同意每天晚上八點前完成我的數學回家作業。我會確認每個問題都回答了，也會盡力正確地回答每個問題。

　　我們，羅伯特麥格羅和／或珍麥格羅，同意在每晚七點到八點間空出時間來檢查布魯斯是否完成他的數學作業。我們不會檢查答案正確與否，因為檢查答案是否正確是布魯斯的責任，然而我們會盡力講解他不會的概念。

　　如果布魯斯在晚上八點前完成他的回家作業，他就可以在八點到八點半之間玩半個小時的電動玩具。如果他沒有完成他的回家作業，他就要接受老師的處置，我們不會干涉。

簽署人：布魯斯麥格羅　　　　　　　日期：＿＿＿＿＿＿＿
　　　　羅伯特麥格羅　　　　　　　　　　＿＿＿＿＿＿＿
　　　　珍麥格羅　　　　　　　　　　　　＿＿＿＿＿＿＿

　　問：我孩子的老師總是很忙碌，他好像永遠都挪不出和我談話的時間。我曾經順道在午餐時間、休息時間還有放學後去找他，而他似乎總是非常匆忙。

答：如果您可以安排一個面談的話，情況可能會好轉。如果老師不知道您要來的話，他就沒辦法深入回答您的問題或和您談談。如果您只是幫孩子送他忘了帶的回家作業或還一本書的話，「順道來訪」是可以接受的，但是不要期望每次您順道來訪的時候，老師就要放下所有其他的工作或放棄他的午餐來和您商談。放學後老師會行色匆匆的原因，可能是因為他另有約會或急著去接自己的孩子。請體諒老師的時間，就像您希望老師也能體諒您的時間一樣。

問：我的女兒已經被鑑定為資優，但是老師說他班上所有的學生都有不同的資賦優異，而他必須要照顧到每位學生。我十分擔心，而且我女兒的行為已經開始有變壞的跡象了。

答：孩子的老師很明顯地是想要帶出每個學生的最佳潛能，但是他指的很有可能是多元智慧的理論而不是資優。

多元智慧的理論是由 Howard Gardner 在一九八三年提出，這個理論解釋了孩子需要透過各種不同的方式學習。Gardner 認為每個人都具有八種智慧：語文智慧（linguistic）、邏輯－數學智慧（logical-mathematical）、空間智慧（visual-spatial）、肢體－動覺智慧（bodi-ly-kinesthetic）、音樂智慧（musical）、內省智慧（intrapersonal）、人際智慧（interpersonal）及自然觀察者智慧（naturalistic）。每一個孩子都具有這八種智慧，只是有些領域會比其他領域發展得更成熟些。舉例來說，有些孩子最容易以透過討論的方式獲得數學概念，而其他的孩子卻需要透過實際觸碰或操控數學模型、形狀或數量才

行。有些孩子在團體中有最佳的學習效果，其他的孩子則在獨立運用紙筆學習時較為自在。在現今大部分的學校中，老師多用各種不同的教學方法來配合學生各種不同的學習型態。

　　然而不論資優孩子的學習型態為何，他們的學習速度總是快過其他孩子。他們需要更深更廣的學習經驗。沒有這些加深和加廣的課程，即使老師的教學活動完全配合資優孩子喜愛的學習型態，他們仍然無法接受到他們想要的、具有挑戰性的教育。

　　以下這個類似的例子可以試著讓您女兒的老師了解。假設有一個八歲的孩子有能力用小提琴演奏「滿天星」這首歌，然而另一個七歲的孩子已經可以將小提琴協奏曲演奏的非常好，甚至可以和當地樂團一同登台表演，那老師是否應該抑制這個七歲的孩子，強迫他一再重複練習「滿天星」，就因為其他孩子只會演奏這首歌呢？

　　以這個例子而言，這兩個孩子都具有音樂潛能，但是他們的相似之處僅止於此。其中一個孩子是資優孩子——也許還是高度資優——而另一個則否。資優的那位孩子需要特別的教導以配合他高度的能力和表現。

　　在 James R. Delisle 絕佳的文章＜不是所有孩子都是運動員？＞（Aren't All Children Athletic?）[40]中提出個別差異教育（differentiated education）的絕佳論辯。他說：「當教練選擇一小群人參與代表隊時，我們可曾聽到同樣的大聲抗議？當然沒有！因為將一群運動技

---

[40] Delisle, J. R. (1991, February 27). *Education Week*, Commentary.

巧優異的孩子聚在一起訓練是件理所當然的事。」

您女兒班上的其他學生有著各種不同的潛能，而老師必須找到適當的方法去豐富每個孩子的學習經驗，當然也必須包括您的女兒。

問：我認爲我女兒跳級學習的話會獲益良多。她所有成就測驗的分數都遠高於平均值，而且學校的心理學家也認爲她的能力優秀。她很成熟、比同齡孩子高、受歡迎、適應良好，在與高年級學生相處時也很自在。我想和學校的老師和行政人員商談關於跳級就讀的事情，您認爲我應該從哪裡著手呢？

答：您可以先詢問學校或學區是否可以提供「愛荷華加速量表」評量，如果可以，請他們幫忙評量您女兒是否適合跳級學習。如果學區沒有這份評量工具，您可以建議他們取得這份工具。這份具有研究基礎的工具在加速學習這個領域提供系統性的指導，也幫助教育學者和父母考量要成功跳級學習的每個重要因素。通常基於這樣一份完整及系統化的評量而做的跳級學習都相當成功。然而，也有其他恰當的選擇，諸如單科加速學習或良師典範制等。不論最後決定採用何種選擇，在所有討論中，一定要邀請您女兒的老師，畢竟他是整個計畫過程中的一個重要環節。

問：我兒子的老師只爲他稍微加廣課程而已，他還是必須要和其他學生同時學習同樣的科目，而且大部分都是講解課程和寫學習單而已。我的孩子很不快樂。老師很坦誠地說，因爲大眾對學生基本學力測驗的重視，所以他也必須以考試領導教學。我們應該怎麼

辦呢？我已經和老師有過幾次的會談了。

答：不幸地，「考試領導教學」是基本學力測驗的副作用之一。學生通過測驗對教育學者而言是很重要的事，因為老師和學校行政人員的薪水、晉升和工作保障通常都和學生的測驗成績相關。

有個可以讓學校老師和行政人員和您合作的方法，那就是幫助他們了解如果給資優孩子更多的成功機會，這些學生就能提高整體測驗的分數，也能讓學校和老師有很好的名聲。為了學校自身的利益，他們會願意提供最好的學生各種能讓他們發揮潛能的工具。

詢問老師是否有您兒子可以獨立進行、拓展學習經驗的活動。舉例來說，如果班上正在研究行星，問老師是否可以讓孩子寫一篇參觀天文館的報告，或是在家裡利用網路進行黑洞的研究。只要這些獨立工作不會增加老師的準備時間和困難的話，大部分的老師都不會拒絕這樣的要求。如果擔心的話，您也可以在家裡提供許多鼓勵和豐富的資料來補充孩子在學校的學習。鼓勵孩子將他想要從事的計畫或研究帶回家來，然後再花幾個晚上的時間和孩子一起研究。

問：我孩子在學術方面有很高的能力，但是他現在的成績卻是丁，有時候是戊。我要怎麼幫他脫離這種低成就的型態？

答：首先帶他去找醫生作一個完整的、包括聽力和視力的身體檢查。有時候看不清楚的孩子甚至不知道自己的視力很差，因為他從來沒有看清楚的經驗，或是因為他的視力在一段長時間內慢慢惡化。情緒上的問題，諸如沮喪，也可能影響孩子表現適當的能力。

此外也須檢視孩子低成就的表現其實是您和孩子或孩子和老師間權力鬥爭的偽裝的可能性。

確認孩子在身體和情緒上都很健康後，您也許想要閱讀一些關於低成就方面的書籍。您可以參考坊間一些專門為低成就孩子的父母所寫的書籍。〔譯註：可參考附錄一或由蔡典謨所著的《協助孩子反敗為勝：他不笨，為何表現不夠好？》（心理出版）〕。

問：我目前正在考慮是否要讓我的資優女兒在家教育，因為我們的學區並不能提供她需要的學習環境，然而對實施我又有所保留，因為我擔心她的社交關係。她的個性較為害羞，如果生活周遭沒有其他孩子，我能預見她將會成為完全孤立的人。我到底應該怎麼辦呢？

答：資優孩子在家教育近來慢慢開始普遍，若您的能力足以擔任孩子的老師，能以田野調查、良師典範和獨立計畫來豐富孩子的學習經驗，同時也能夠符合規定的課程和要求，那您的確可以嘗試實施在家教育。

實施在家教育的家長需要他人的支持，而您也許可以找到其他為此目的聚會的家長。您可以上網尋找所屬區域是否有資優孩子在家教育的資料，目前在家教育的景況變化快速，每日都有新的團體和方案出現。有些機構也可以幫您設計課程及提供指導和一些測驗材料。

雖然在家教育的前景看好，但並不是每個孩子都適合在家教育，

也並不見得是每位家長的最佳選擇。有些家長沒有足夠的時間、精力或耐心來成功地實施在家教育，此外如果父母都有工作的話，在家教育就幾乎是件不可能的任務。

您的觀念相當正確，孩子的確需要同儕玩伴，而身為孩子的老師，您必須製造規律的機會讓孩子和其他孩子玩耍和社交。有些學校允許在家教育的孩子參與像音樂這種合作課程活動或是部分時間到校學習。請向當地的教育部門查詢。

仔細衡量利弊，坦誠面對自己的優缺點，並和其他已經實施在家教育的家長以及孩子討論這個議題。

問：我兒子的老師說他是「過度成就者」（overachiever），那是什麼意思？

答：如果依據能力和天分來評斷一個人的成就，結果比預期的成就低就是低成就者，那何謂「過度成就者」呢？大部分人所謂的「過度成就者」也被稱為「過度努力者」（overstriving）──也就是說，每件事都要做到最好，從不休息、放鬆或享受生活的人。這是完美主義的一個面向，而過度努力者可能會慢慢地變成工作狂。家長可以釜底抽薪地對付這個問題，也就是使用一些策略來讓孩子了解完美事實上是不可能的。

當然家長必須要保持一種正確的態度，就如同 Jane Piirto 在他《資優兒童與成人》（*Talented Children and Adults*）一書中提到的：「一個人的成就怎麼可能超越他所能成就的？這些對平凡、融入、

過得去就好、不要特異獨行的強調造就了所謂過度成就的概念。【社會說】資優孩子應該要做少一點、融入一點、不要有這麼高的標準。」換言之，文化教導這些資優孩子不要做到最好，不然就得冒被其他能力較差的孩子排斥、忌妒的風險。對資優孩子而言，這是怎樣的困境啊！所以，也許你的孩子終究不是個過度成就者。」

問：家中不只一個資優孩子的情況普不普遍？

答：科羅拉多州丹佛資優發展中心的 Linda Silverman 在中心網站上的一篇文章中提到，如果家中有一個孩子被鑑定為資優孩子，則他的兄弟姊妹也極有可能是資優孩子 [41]。她的研究顯示兄弟姊妹間的測驗成績差距通常在五分到十分左右。然而，排行第二的孩子被鑑定為資優的機率又小於排行老大的孩子。

記住即使您的孩子都是資優孩子，他們的資優領域可能完全不同，也會有不同型態的人格特質。此外，他們在家裡也常常會扮演完全不同的角色，像是丑角、運動員、社交高手或甚至是低成就者。每個孩子都希望自己在某些事情上被認可，如果哥哥或姊姊是高成就者、絕對的好學生，那弟弟或妹妹可能不會在學術領域上追求表現，而會選擇在別的領域表現。

---

[41] Silverman, L. (1999). *What have we learned about gifted children, 1979-1999*. Denver, CO: Gifted Development Center.

問：我幾乎不敢問這個問題，因爲每次我說的時候都沒人相信我。我的孩子才七個月大而已，可是他已經開始說話了，雖然不是完整的句子，可是是一些可以辨認的單字，像「媽媽」、「狗狗」等，更令人驚訝的像是「香蕉」和「太陽」這些字彙。是我瘋了還是這眞的有可能發生？

答：這雖然很不尋常，但的確有可能發生。研究資優孩子的報告中也提到許多孩子和您的孩子一樣。和高度資優孩子相關的一些特質包括[42]：

- 早期語言發展（大部分孩子說第一個字的平均年齡是九個月大，早期語言發展意味著有些孩子說話的年齡較早）。
- 嬰兒時期不尋常的機敏。
- 在嬰兒時期和學步時期的長期注意力。
- 需要較少的睡眠時間。

您可能對孩子資優的特質感到驚懼，但是別驚慌。當孩子長大後，您必須要面對更複雜的景況。如果他是極度資優的孩子，您可能需要許多幫助才能趕上他快速的學習腳步。

現在就開始閱讀一些關於資優的書籍或雜誌報告，網際網路上也有許多相關的網站，從美國資優兒童協會（www.nagc.org）開始，

---

[42] Rogers, K. & Silverman, L. (1997, January). *A study of 241 profoundly gifted children*. Paper presented at the National Association for Gifted Children 44th Annual Convention, Little Rock, AR.

它提供相當多相關網站的連結（譯註：關於中文網站，請見附錄二）。

　　資優發展中心（The Gifted Development Center）在高度資優方面也有許多研究，您可以在它的網站上（www.gifteddevelopment.org）找到許多有趣的文章。和專家商討以及閱讀相關領域的書籍對處理將來必須面對的問題上會有很大的幫助。

　　問：我們剛搬到我父母居住的城市，目前認識的人不多，但是我的母親和我的資優女兒有許多共通的興趣，家庭成員是否適合當孩子的良師呢？

　　答：祖父母可以是很棒的良師。大體來說，只要他們對孩子沒有負面的影響，他們對孫子女都非常有益，因為他們不需要再為孩子整天忙碌，所以也會比較有耐性。他們有許多空閒的時間可以聽孩子說話、和孩子一同作計畫或解謎、大聲閱讀、聽音樂、玩遊戲和說故事。他們的眼光較遠，也能夠提供從前生活和現在生活的有趣見解。孩子們通常很愛聽祖母在學時的故事。

　　此外，祖父母可以為孩子和父母提供一天或更多天的喘息時間。孩子精力充沛地回家，而父母也充分地休息了，這對每一個人而言都是三贏的局面。

　　問：我兒子對自己被鑑定為資優感到相當驕傲，而他似乎認為這樣他就可以不用做這些我們認為理所當然要做的家庭瑣事。我該

如何才能把他拉回現實呢？

答：這時就是該和孩子私下談談的時候了，請他解釋為什麼他覺得有高度的學術能力就可以讓他免除家庭成員的義務。討論時應該要冷靜而不要感情用事。和孩子討論他的行為對其他家庭成員的影響，他是否能夠理解當他拒絕盡自己的義務時，別人就必須幫他收拾善後，這樣對別人公平嗎？請他想想這樣長期下來，會對他和兄弟姊妹之間的關係有哪些影響？

　　設定嚴格的行為準則，並在限定中給孩子選擇的機會。真實世界不會給孩子免費通行證，而他必須現在就學會這點。在 Rudolf Dreikurs 所著的《孩子：挑戰》（*Children: The Challenge*）一書中建議使用家庭會議來解決類似的事件，此外 Dreikurs 也描述了許多其他的管教技巧，像邏輯和自然的行為後果等。使用這些方法可以讓您的兒子體認到自己行為對別人的影響。

　　問：創意解決問題方案（creative problem-solving programs）對資優孩子有何益處？我女兒對「未來問題解決」感到興趣，但是我對此所知不多。

　　答：像「未來問題解決」、「目標想像」、和「創造美國」（Invent America）等創意解決問題方案對孩子有多方面的助益。首先這些方案都要求孩子一同合作以解決問題，這部分可以磨練資優孩子在團隊工作和領導能力的技能。其次為了解決問題，孩子必須要利用高度邏輯和足智多謀的思考技能，甚至有時必須從失敗中學

習。對完美主義的孩子而言，往成功之路上的失敗經驗是很好的學習課題。當學生終於發現創意的解決方案時，他們的自信心也會增強。

解決複雜問題的整個過程可能非常的自由不羈，因為要想出創意的解決方案，資優孩子必須跳脫傳統思考窠臼。這種天馬行空、寬廣的思考方式對大部分的資優孩子而言都很容易，他們在處理複雜的議題時也都感到十分自在。根據未來問題解決計畫的網站（www.fpsp.org），方案的任務是「教學生如何思考而不是思考什麼」。其他相似的方案也有相同的重點。大部分的方案會有某些程度的競爭。參與「創造美國」國家競賽的學生也會吸引相當多的媒體注意。

您女兒會從參與創意問題解決方案中獲益良多，然而，事前要讓她了解這些活動需要她付出相當的時間和努力，同時，和她同組的其他學生也會期望她完成她那部分的工作。

問：我需要一些幫兒子應付壓力的應急妙方。他能夠意識到自己的壓力過重，但卻不知所措。您能夠給我些意見嗎？

答：很高興聽到您兒子能夠意識到自己的壓力程度，以及您站在幫助孩子的地位上，以下是一些建議：

- 改變環境。若他在研讀或準備考試時感到壓力，提醒他要有規律的休息時間。鼓勵他利用這些休息時間玩個遊戲、做些運動、和寵物玩耍，或發呆讓腦袋淨空幾分鐘。
- 允許孩子「減壓」。給孩子一些時間讓他談談生活中的壓力，

您不用為他解決問題，只要傾聽就好。若是他徵詢您的意見，您也可以自在地與孩子分享，否則就不要陷入孩子的問題中。替孩子承擔擔憂會大幅增加自己的壓力，而如此一來就失去了您作為客觀聽眾的價值了。

- 幫助他學習設立界線。孩子的精力有限，因此家長要教導他如何拒絕一些耗費精力卻又沒特別助益的活動和方案。同時您也必須為孩子設立一些界線，有些孩子會全神貫注在某個主題或活動上，以至於完全排除其他學習。這時父母就必須要適時介入，以確保孩子能夠獲得面面俱到、多采多姿的生活經驗。

- 確使孩子有足夠的運動。運動是天然的壓力消除劑。鼓勵孩子運動並一同參與。和孩子一起散步和慢跑有益身體健康，同時也提供親子間一個沒有壓力的談話環境。

- 教導孩子一次專注完成一件事。資優孩子通常同時進行多個領域的活動，結果沒有一件專精。學生無法長時間專注做一件事的典型行為包括方案未完成、作業沒寫以及在最後一秒匆促忙亂。

　　有些父母深信諸如跆拳道或柔道等武術能幫助孩子集中注意力。這些活動提供肢體上的運動以及要求學生整堂課守紀律和專心。然後這種專注的能力就能運用在智力方面的活動上。武術也提供了一種有系統的獎勵制度可以讓孩子連結努力和成果的關係。此外，一般來說，當孩子覺得能掌控自

己的身體時，也會變得較有自信。

問：基於某些原因，我女兒對回家作業有莫名的恐懼，您知道到底是怎麼一回事嗎？又應該如何處理呢？

答：您是否準確知道到底是什麼引起孩子的焦慮呢？要求她精確指出最令她沮喪的事情，然後專注解決這個問題。建立一種寫作業的規律作息也會有所幫助。利用特定的時間和地點寫作業會讓學生較快進入狀況。有些學生喜歡先做困難的部分，然後再順利進展到剩下較簡單的部分；其他學生可能寧願先做簡單的部分，然後再讓成就感帶領他們到較具挑戰性的主題。詢問您女兒她喜歡的作業方式，然後再據此為她組織作業。

即使是資優孩子也受不了龐大的閱讀作業。引導您的女兒運用預設問題和章節次標題來促進理解。

學生的抄寫筆記有時候非常冗長，以至於回家時這些筆記對他們而言已經沒有任何意義。較好的方式是讓學生專心聽講，並在聽到重點時再做筆記。綱要筆記是非常有用的工具，因為許多老師講解時都是以綱要的形式（次標題支持主標題）呈現，您女兒聽的越仔細就懂得越多。您可以在家裡藉由閱讀報紙短文，然後請孩子找出關鍵重點，再將重點做成綱要的方式來幫助孩子練習聽講。

問：我有兩個兒子，一個三歲、一個四歲。他們似乎符合許多資優的標準，而我快要精疲力盡了！如果我不讓他們保持忙碌的話，

他們就每件事都要試試看，救命啊！

答：教養兩個稚齡的資優孩子注定會精疲力竭！切記要閱讀下一章的「希望的故事」，看看一個母親如何在家中創造出學習的環境。您必須全心投入於擴展孩子的生活經驗，他們的精力無庸置疑絕對非常旺盛，而這些精力需要疏通的管道。在合理的範圍內，盡可能地帶孩子到各種地方去拓展他們的世界經驗。

在家中布置一個屬於孩子的空間，在那他們的活動可以不受拘束，然後再放置許多藝術材料（當然要可水洗）、謎題、遊戲、廚房用品、積木和其他建築材料、樂高遊戲組和其他建造用的玩具、建堡壘和城堡用的薄板、角色扮演用的手工戲服和當然必備的書籍。搜尋車庫大拍賣的消息，帶孩子一同前往，您可以找到許多很棒很新的書籍和玩具，還可以用店裡十分之一的價錢買到。

和您的兒子聊天、唸書給他們聽、讓他們有聽音樂和創造音樂的機會。帶他們去圖書館閱讀故事書並讓他們自己選書。

確保孩子旺盛的精力有適當的運動宣洩出口。簡單的追人遊戲對孩子就有許多益處：他們一起遊戲、在外面運動，正好可以發洩一些精力。有時候父母最需要的就是一個精疲力盡的孩子。

讓他們負擔一些責任，三、四歲的孩子可以學做一些簡單的家庭雜務，像分衣服、擺飯桌和整理自己的玩具。

當然孩子也需要休息，而且大部分孩子（也包括資優孩子）對規律作息都感到自在，因此要有規律的休息時間和上床時間。如果孩子在傍晚時特別活躍的話，則父母要在睡前為孩子安排一段長時

間的靜態活動，像談天或閱讀書籍等活動是很重要的。

如果孩子還沒上幼稚園，現在也許是開始物色的好時機。資優孩子需要和其他孩子社交的機會，這樣一來他們就可以及早開始學習如何和他人相處。

在書末的附錄中的許多資源對如何有效應付資優孩子的好奇心、高度精力和經常性情緒化也提供了許多很好的策略。

問：少數民族（非裔美國人、西班牙人、亞洲人或美洲印地安人）的資優孩子的疏離感是否比英裔美國人更重？

答：在 Donna Ford 研究非裔美國人社區的資優孩子報告中結論認為，非裔美國人的資優孩子有較深的疏離感是因為：(1)他們在資優方案中的比例偏低，因此在種族方面被方案中的白人疏離；(2)因為他們參與資優方案，同種族的大部分學生會疏離他們，其中有些甚至對參與資優方案的學生帶有敵意；(3)如果他們的老師不了解多元文化的論點，老師也可能會疏離他們；(4)甚至自己的家人也可能會疏離他們，因為有些家庭成員可能不熟悉資優的意義以及資優的呈現方式[43]。

如果非裔美國人的孩童缺乏正向的種族自我概念，他們在面臨

---

[43] Ford, D. Y. (1994). *The recruitment and retention of African American students in gifted education programs: Implications and recommendations* (RBDM 9406). Storrs, CT: The National Research Center on the Gifted and Talented, University of Connecticut.

同儕壓力時會特別危險，特別是當同儕告訴他們參與資優方案意味著他們正在「效法白人」時。有些學生可能會開始表現低成就的學習成果以配合那些沒有參與資優方案的種族同儕[44]。

然而，一個大範圍郊區學校系統的少數民族管理員漢克葛里芬說：「並非所有參與資優班的非裔美國孩子都會遭遇問題，郊區學校中來自高成就家庭的孩子較不會有同儕壓力的困難。資優孩子傾向於接納各種種族的資優孩子，而有高度期望的家長更加強了教育和成就有正面價值的想法。」

葛里芬同時說，對市中心的孩子而言，景況可能完全不同。「這些年輕人在資優方案中通常很快樂，但是下課就結束了。他們必須回到一些真的很惡劣的街道中——在那教育和成就不但沒有價值，而且是被人嘲笑的東西。」

葛里芬的意見清楚地顯示出學校不只對這些孩子、也對他們的家庭負有很大的責任。城市學校中的資優教育者必須對家長伸出援手，因為家長必須要對資優的想法感到自在，才能讓孩子也感到自在。如果家長不支持孩子參與資優方案，孩子很難有成功的機會。家中沒有強力支持系統的資優孩子在面對同儕壓力時非常脆弱。

「父母、祖父母和孩子生命中的其他重要成人，」葛里芬說，「必須提供策略以幫助孩子應付雙重身分認同——在學校一種、在

[44] Ford, D. Y. (1997). *Underachievement among gifted minority students: Problems and promises*. ERIC Digest (E554). Reston, VA: The ERIC Clearinghouse on Disabilities and Gifted Education.

住家附近一種。例如有些在城市就學的孩子就必須要說兩種非常不同的英語——在學校說標準英語，在同儕團體中說街頭俚語——如果他們要在這兩處同時保持地位的話。只要成人給予孩子如何處理校外壓力的一些實質幫助，孩子就可以在分界線的兩邊有效地轉換身分，但是家長也需要工具來幫助孩子，有時候拓展孩子生活的最佳方式就是拓展父母的生活。學校可以藉由幫助家長了解孩子以及當家長試著在不甚完美的情況下教養孩子時給予支持，來達到目標。」

認同議題對任何人種或種族團體的成員也會有所影響，當他們掙扎於對自己和多數團體的文化、語言及傳統的尊重和注意的平衡時。例如以英語為第二外語的新進移民可能會在語言和社會上都感到隔閡。要使用尚未精通的語言來展示自己的資優對聰穎的孩子而言是相當困難和挫折的。這也是為什麼在鑑定資優孩子時使用多因素方式是如此重要的原因。

美國資優兒童協會預估全美大約有三百萬的資優孩子，而這些學童分布於各個種族、人種以及各種社經團體。如果無法將他們全部找出來，這真是悲劇，因為這個世界真的需要所有資優公民的天賦智慧。

第十四章

父母對父母——希望的故事

　　亞卓安是凱倫瑞普的女兒，她目前已經長大成人。他們的故事包含許多資優孩子生活的面向和範圍，從亞卓安的嬰孩時期到現在即將從大學畢業。凱倫願意（在亞卓安的同意之下）把帶大一個資優孩子的生活景況和其他父母分享。這個故事描述了教養資優孩子時的高潮和低潮，且應該會為其他掙扎於理解孩子生活中可能發生的事件或行為的父母親帶來希望。

　　在亞卓安的故事中有特別戲劇性的一章——從致命的疾病中康復。雖然凱倫相信她女兒的堅強意志是恢復健康最重要的因素，但更重要的是父母不能僅試著以正面思考或意志力來治癒疾病。重症孩童需要特別的照顧，而亞卓安也從他個人的醫師

和醫院護理人員得到很好的照顧。

凱倫的故事

　　懷亞卓安的過程很美好，生產的過程也很順利，她真的是一個很可愛的小女孩。我覺得我是最完美的母親，因為我有一個最完美的小孩。稍後我發現這些都不是真的，但是在還沒發現這個事實前，生活過得非常有趣。當她還是嬰兒和剛開始學走路的時候，她真是個令人非常愉快的孩子。在這段長時間裡，我並沒有發現她有特殊的天分，因為我是朋友中第一個生孩子的人，因此沒有別的小孩可以比較。我只覺得她很聰明，而且我很高興。

　　現在回顧起來，我可以發現她的發展總是快於常人。在她只有一歲的時候，我常帶著她去和朋友打網球，我可以不受打擾地打一整個小時的網球，而她則心滿意足地坐在自己攜帶式的鞦韆中翻書，一頁接著一頁，也不會要求尿尿。這對我來說真是太棒了，而她似乎也樂在其中。

　　我帶她外出午餐時，她會閱讀自己的書而且表現得非常完美。事實上，我可以帶她到任何地方，而她總有辦法娛樂自己。

　　其實是她總能自得其樂的這個事實讓我發現她的不尋常。即使是她剛開始學坐的時候——大約六個月大時——我也可以把她放在毯子上，把玩具放在旁邊，然後她就能自得其樂。當然我也和她一

起做了很多事，因為我是個全職的媽媽，但是如果我要做自己的事的時候，我也知道她會待在同一個地方而且不會有事。

　　一個鄰居對我指出，就亞卓安的年紀而言，她正確地將積木和形狀盒配對的能力遠超過她的年紀可及，那時她才六個月大。

　　她對概念的了解也非常先進，當她兩歲的時候，她最喜歡的玩伴是隔壁的小男孩。有一天她很早就回家了，因為那個小男孩為了某件事而被處罰。她看著我說：「史密斯太太不應該處罰米歇爾，因為她也處罰到我了。現在沒有人可以陪我玩了。」

　　當她還很年幼的時候，她也開始批評我對她的教養方式。有時候她會說：「我覺得這個處罰對我所作的行為而言太嚴厲了。」幾年後的一個晚上，她拿起一本我正在讀的關於父母教養孩子的書籍，並在所有她覺得父母應該要做的事情上用螢光筆註記。我心想：「天哪，我要應付的到底是怎樣的孩子？」

　　當亞卓安三歲或四歲的時候，她有一個叫做珍妮的想像玩伴。她從未向我形容過珍妮的樣子，我也不用為珍妮在餐桌上留一個位置。雖然她從來不曾在家人面前和珍妮對話，但是在房間午睡和晚上睡覺的時候，她總是不時地和珍妮說話。有時候我可以聽見她和想像玩伴的對話，那些是當天稍早我和亞卓安的完整對話重現，只不過亞卓安扮演的是我的角色，而珍妮明顯的是扮演亞卓安的角色。當亞卓安開始上小學的時候，珍妮就消失了。

令人愉悅的小麻煩

　　是其他人的提醒讓我對亞卓安不尋常的智能開始有所了解。在一年級學期末的時候，她的老師問我是否要查看她的考試成績。當時我們正忙著建造新房子，我完全忘了她在學校的智商測驗。亞卓安的老師告訴我她的測驗分數非常高，而那是我第一次確認她比其他孩子聰明些。

　　當她再長大一些，要超越她變得越來越困難，甚至要追上她都要花費很大的精力。我真的很高興我不用外出上班，因為她就是一份全職的工作了。當亞卓安的弟弟妹妹相繼出生，我必須要花很多的時間來策劃組織事情來讓他們保持忙碌。

　　很幸運的是他們都是自動自發的孩子，會自己找事情做，但是我總覺得需要為他們製造各種學習機會，因為他們幾乎樂意嘗試任何事情。我們會從事一些教育性的旅遊活動以及參觀博物館。亞卓安總是說我們去過這麼多家博物館，她再也不想踏進任何一家了。然而當她去年去歐洲旅遊的時候，她參觀了她去過的每個國家的博物館。

　　我們的行程總是充滿各種活動。除了參觀博物館之外，我們也會去吃冰淇淋或在游泳池中泡泡水。我試圖讓活動有趣的同時，也盡可能地為他們提供許多的學習機會。

當我們外出到湖邊度假的時候，亞卓安是那種會組織和娛樂其他孩子的孩子王。他們早上就會外出，然後整天不見人影。她會領導其他木屋的孩子們在沙灘上建造障礙訓練場或沙雕動物。她的創造力以及領導能力真是令人驚奇。

當她再長大一點，會照顧弟妹的時候，這種創造力依然很明顯。當我們外出用餐回家的時候，整個地下室可能會變成一座城堡、學校、摩天大樓或其他的東西。床單可能會掛得到處都是、背景圖也畫好了，整場戲都已各就各位，孩子們可能正在表演故事。

隨著如此豐富的藝術創造力的發展，我們必須要限制孩子只能在地下室發揮長才，否則整棟房子都會被油彩和裝飾品覆蓋。地下室是屬於他們的，在那他們可以隨心所欲，包括在牆上作畫。我們的地下室並沒有因此完蛋，而他們其實也沒有破壞任何東西。

小學生活

大部分的老師都非常支持亞卓安。我特別記得一位老師告訴我說，當他對著整班上課的時候，他只看得到亞卓安的頭頂。有一天當他走到亞卓安的旁邊，他發現亞卓安的腿上放了一本書，而她總是在他上課的時候看書。「如果不是亞卓安而是其他人的話，」他說：「我一定會制止這種行為，但是我知道她可以同時看書和聽講，所以我就不管她了。」

但有些老師就不是這麼支持她了。曾經有一位老師告訴我說亞卓安前一年的成績不可能這麼高，因為「這地方的孩子是不可能這麼聰明的」。當我問她是否調閱過亞卓安的學業成績時，她回答沒有，我十分氣惱，她在還沒認識亞卓安之前就做了所有的假設。

　　在感到挫折的同時，我說：「你可不可以先看過她的紀錄，再來確認我有沒有誤解她的成績，還有其他老師對她的看法。」一旦這位老師看過紀錄以後，她就聽從前一位老師的建議給亞卓安較高難度的閱讀和數學課。然而在她這樣做之前，要她了解亞卓安的能力真是一場抗爭。聽到人家說我明知道是事實的事絕不可能發生真是令人非常挫折。

　　亞卓安非常喜愛她資優課程方案中的同學，在那每個人都是不同的，而學生也接納每個人的獨特之處。人際關係對她而言非常重要，因為她相當敏感，她不是神采奕奕就是精神低落，而且很容易沮喪。她課程方案班上的朋友對她而言就像救生圈一樣，因為他們了解她。在那個班上，她不需要總是遵從規章，她的資優老師善於讓孩子表現真實的自我。在其他班上則不然，資優孩子有時的確讓老師倍感威脅。

　　在資優課程班上，孩子們可以依自己的方式，實驗自己的想法。到處都有不同工作的基地，而且孩子們必須要幫忙計畫自己的作業。他們可以在各種不同選擇的單子上選出自己的主題，並且和老師一同決定要如何進行作業，而不像其他的班級，只有兩種形式的選擇和一種發表的方法。這種學習方式給了孩子們自我生活的控制感。

學校之外的生活

亞卓安總是熱心參與課外活動，她學習舞蹈和鋼琴，然後真心著迷於體操的魔力，她開始贏得各式各樣的小獎品，而且樂在其中。對她而言，這是一種很棒的宣洩方式，因為她需要一個讓她保持忙碌的地方。如果當她傍晚回家無事可做，她真的會讓我們抓狂。

亞卓安就像一個不停轉動的馬達，當她在家的時候，所有注意力似乎都集中在她身上，家中的氣氛真的因她而不同。她讓我們精疲力竭，而且當她越大，管教她就越令人疲累。我並不是以負面的觀點來看待這件事情，只是她消耗了我許多的時間和精力，所以在某些方面來看，讓她一個晚上花四個小時在體育館裡也是一件好事，因為當她回家時就很累了。但是即使如此，她也不是完全地精疲力盡。

在四、五年級的時候，當她從體育館回來後，她會不停地想要談話。在她能入睡前，她必須一股腦地把所有問題說出來，而我則會坐在她身邊、聽她訴說。有幾次，我真的睡著了，因為我只要聽她說話而不需要參與對話。她只是想要一個溫暖的身體在她身邊聽她訴說、關懷她。我很少說話，以她的敏感度，她並不需要我給她意見或批評。

直到今天，她還是喜歡自己解決問題，她想要和我討論，但並

不想要我的意見或評論。

關心的理由

亞卓安是一位深沉、極具天賦的思想家和作家。在中學時，她的寫作變得令人害怕。她所寫的一些詩非常沮喪、沉重，其中有一首，敘事者最後走進海洋。我懷疑這些詩是她感受的寫照，而它們幾乎是自我毀滅的。我要求她的資優老師讀這些詩，因為它們嚇到我了。亞卓安想要走進黑洞嗎？她的老師解釋說我讀到這些東西和亞卓安的發展階段有關，而她的發展階段在某些層面上已經達到像年紀較大的青少年階段了。

此外，我也打電話詢問一位經常和中學生相處的圖書館員朋友，她告訴我中學生有時候會寫類似的故事，這個主題並非不尋常，但是她的故事有點太極端。我也把這些故事讓她的小兒科醫生看，他說它們其實是一個很好的宣洩出口，但是我必須要警覺她日常活動時人格是否有改變的跡象。

亞卓安總是記日誌，她會寫關於學校發生的一些事情、人際關係方面的事情，以及我們之間發生的事情。這些日誌一樣也是非常激烈。

高中時期

　　當亞卓安上高中的時候，她已經參加體操俱樂部好幾年了。她每天去上學、去體育館、回家、做作業，然後上床睡覺。她的生活沒有很多樂趣，因為她修了一些大學預修課程，所以課業負擔很重。後來她決定要有更多的朋友，以及更美好的學校時光。

　　到她三年級的時候，她還是繼續修一些榮譽課程，但是數量上已經減少了；同時她也從體操俱樂部轉到學校的體操隊中；她也試著要當個啦啦隊長。她修「會計一」是因為班上有好些個「有趣的傢伙」，雖然她並不覺得課程特別具有挑戰性，但是因為她有如此美好的時光，所以她又修了「會計二」。

　　亞卓安是班上最年輕也是個子最小的。這產生一些問題，因為在學業成績上她遙遙領先，但是在社交方面她還有成長的空間。雖然她十分喜愛當個啦啦隊長，但她討厭伴隨而來的社交壓力。她覺得自己無法融入，一連串的社交活動令她困惑，她試著要遊戲其中，但是有時候真是太難了。

一場致命的疾病和意志力

雖然亞卓安天賦異秉，但常識不足。她把自己逼的太緊，覺得自己所向披靡，也不了解足夠的睡眠和保持健康之間的關係。當她發現自己想做的事情，就會毫不猶豫地去做，一點也沒考慮後果。

在亞卓安大學一年級快要結束的時候，她很明顯地已經過分擴展生活圈了——沉重的課業負擔、家教、活躍的社交生活、絕佳的課業成績，以及持續一份工作。因為她不凡的精力和意志力，她能夠從事所有這些活動，但是她不了解將要付出的代價。因為體操訓練的關係使得她身強體壯，她並沒有意識到她的健康已經受到損害。在她生病後，她的步伐才稍微減緩。

有天早上當我看到她時，我說：「你看起來糟透了，皮膚都變黃了。」她執意要去上班，但是我說服她等到我和醫生談過之後。

當我們發現她的眼白部分也變黃的時候，我馬上打電話給醫生預約急診。他認為是肝炎，但是需要驗血才能確定。我們去醫院驗血，然後她回家上床休息而沒去工作。

醫生說如果到早上還沒好轉的話，就要安排她住院，然而次日早晨她還是沒有好轉，事實上，每件事都快要崩潰了，只是我們還不知道而已。我們帶她回醫院，護理人員不停地幫她抽血。她最初的驗血報告出來了，她的身體明顯地有地方不對勁了。醫生立刻為

她安排轉院到兒童醫院（Children's Hospital）。

　　當我們帶她到那時，她已經虛弱到無法走進醫院大門。我們就快要失去她了，她馬上就被送進急診室治療。

　　亞卓安當時已經是半昏迷狀態。醫生和護士們似乎非常緊張，不停地四處奔走。他們無法精確知道到底是什麼造成她的症狀，但是她身體的每一部分都開始敗壞。她的血壓降低、嚴重的腎衰竭、肝炎、她的血液細胞彼此攻擊、她無法製造紅血球。她就像白紙般慘白。

　　我嚇死了，當時沒有半個人在我身邊，我妹妹正在來醫院的路上，醫生也還沒來，亞卓安看著我、對我說：「我會死嗎？」我不知道該如何回答她。

　　雖然如此，我還是決定要回答她的問題，所以我走到床邊，輕聲告訴她說：「亞卓安，你有很堅強的意志力，頭腦中有許多的力量，現在你必須要使用它們。你必須開始想像身體的每一個部分，然後命令他們開始工作。那就是你現在要做的，不用管其他任何事。」

　　我曾經讀過一些關於內心映像（mental imaging）的報導，所以我試圖幫她創造一些治療的映像。我告訴她要讓「好傢伙」進入她的身體，從頭頂到腳趾。它們可以是她想要的任何東西——體操選手、小精靈（Pac Men，電腦遊戲人物）或音樂家——但是它們必須要立即開始工作。我告訴她我會一直陪在她身邊，陪她一起想像，她一定會好轉。「你必須要幫我們，」我說，「你現在就要開始。」

最後，護士說：「我們必須要幫亞卓安接上維生系統幫助她呼吸，大約需要二十分鐘的時間準備。」我告訴他們可以開始準備，但是在醫生抵達前我拒絕讓他們幫亞卓安接上維生系統。約十分鐘後醫生抵達了，我決定讓醫生處理醫療的決定，而我就完全專注在亞卓安身上。我坐在她身邊，問她：「你正在想像嗎？」

醫生決定亞卓安還不需要維生系統。十五分鐘後，她接受輸血，臉色開始好轉。直到今天，我仍然不知道在這十到十五分鐘之間到底發生了什麼事，但是她開始恢復了。

三或四天後，她出了加護病房，但是她的腎臟仍然沒有正常運作，所以那就成了治療焦點。醫生和我想知道要怎樣才能讓她有正面思考以及專注在治療的動機。她從來就不是那種你叫她努力就努力的人。你必須想出一些具創造力的東西來挑戰她的腦袋———一些對她有影響及吸引力的東西。我們必須讓她了解她腎臟目前狀況的嚴重性，因為下一步是洗腎。

我們試著找出任何一個讓她想要好轉的理由。我問她說：「亞卓安，如果你生命中能夠擁有一件東西，你想要什麼？」

她說：「你知道的，我一直想要一輛吉普車。」

「好，」我們說：「如果你能集中注意力去想像正常的腎臟功能，你就更容易痊癒，也就更接近你的吉普車了。但是你必須專注在痊癒上，你必須想要好轉才行。」

我們依據不同腎臟程度所需來給她專注的目標。我們讓她想像自己開著吉普車。反正她需要一輛車，而且當你的女兒在生死邊緣

的時候，你會願意給她任何東西，只要能讓她有活下去的意願。

慢慢地，她的腎臟化學回到平衡的狀態。在一段漫長的恢復之路後，她完全康復了。我相信她堅強的意志力在康復過程中幫了很大的忙。

這件事已經過了兩年，亞卓安現在想要上法學院，加上她非常喜愛出國旅遊，所以她正想結合她的興趣和研究，攻讀國際法。

亞卓安仍然試圖從事過多的活動，而且總以自己的方式做事。當她出國時，她沉浸於經驗中，她完全投入當地人的生活中。她想要了解他們的生活和文化。她會在咖啡店裡寫她的作業，而不會一直和同伴在一起。

她的高潮和低潮仍然比其他朋友更激烈。她仍然很衝動，勇於冒險犯難。她已經嘗試過高空彈跳還有一些恐怖的活動。

請記得並非所有的資優孩子都像亞卓安一樣，每個資優孩子都是獨特的個體，有自己的人格、行為和問題。不論你的資優孩子是何種類型，我的建議是去豐富孩子的環境，以及支持孩子的發展，不論他們如何發展，你必須和這些孩子一同成長，有時候，他們似乎占據了你每一分精力和腦力；而有時候你就必須站在一旁讓他們走自己的路；有時候管教他們也會令你難過。

但是記得資優孩子是非常深沉、非常挑戰你的情緒的、他們完全地令人精疲力竭，但是也非常棒。請享受和他們在一起的時光。

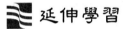

附錄一

延伸學習

讀書療法

Halsted, J. W. (1994). *Some of my best friends are books: Guiding gifted readers from pre-school to high school.* Scottsdale, AZ: Gifted Psychology Press.

諮商資優兒童

Kerr, B. A. (1991). *A handbook for counseling the gifted and talented.* Alexandria, VA: American Psychological Association.

Silverman, L. K. (Ed.). (1993). *Counseling the gifted and talented.* Denver, CO: Love Publishing Company.

創造力
書

Piirto, J. (1998). *Understanding those who create (2nd ed.).* Scottsdale, AZ: Gifted Psychology Press.

Sternberg, R. J. (Ed.). (1999). *Handbook of creativity.* New York: Cambridge University Press.

Sternberg, R. J. (1995). *Defying the crowd: Cultivating creativity in a culture of conformity.* New York: Free Press.

網路資源

American Creativity Association
www.becreative.org

Center for Creative Learning
www.lightly.com

Destination ImagiNation (affiliated with Odyssey of the Mind)
www.destinationimagination.org

Future Problem Solving
www.fpsp.org

Invent America
www.inventamerica.com

大學計畫

Berger, S. L. (1998). *College planning for gifted students (2nd ed., Rev.)*. Reston, VA: The Council for Exceptional Children.

Featherstone, B. D., & Reilly, J. M. (1990). *College comes sooner than you think: The essential college planning guide.* Scottsdale, AZ: Gifted Psychology Press.

College applications, scholarship information, and more
www.collegenet.org

課程合約

Winebrenner, S. (1992). *Teaching gifted children in the regular classroom.* Minneapolis: Free Spirit Publishing.

課程選修

Assouline, S., Colangelo, N., Lupkowski-Shoplik, A., & Lipscomb, J. (1999). *The Iowa Acceleration Scale.* Scottsdale, AZ: Gifted Psychology Press.

Borland, J. H. (1989). *Planning and implementing programs for the gifted.* New York: Teachers College Press.

Colangelo, N., & Davis, G. A. (1997). *Handbook of gifted education (2nd ed.).* Boston: Allyn and Bacon.

Daniel, N., & Cox, J. (1988). *Flexible pacing for able learners.* Reston, VA: The Council for Exceptional Children.

Davis, G. A., & Rimm, S. B. (1997). *Education of the gifted and talented* (3rd ed.). Boston: Allyn and Bacon.

Gallagher, J. J., & Gallagher, S. A. (1994). *Teaching the gifted child (4th ed.).* Boston: Allyn and Bacon.

Reilly, J. M. (1992). *Mentorship: The essential guide for schools and business.* Scottsdale, AZ: Gifted Psychology Press.

Smutny, J. F., Walker, S. Y., & Meckstroth, E. A. (1997). *Teaching young gifted children in the regular classroom.* Minneapolis: Free Spirit Publishing.

Van Tassel-Baska, J. L. (1998). *Excellence in educating gifted and talented learners.* Denver: Love Publishing Company.

Van Tassel-Baska, J. L. (Ed.). (1993). *Comprehensive curriculum for gifted learners.* Boston: Allyn and Bacon.

Van Tassel-Baska, J. L. (1992). *Planning effective curriculum for gifted learners.* Denver: Love Publishing Company.

沮喪

Partos, P. G., & Shamoo, T. K. (1989). *Depression and suicide in children and adolescents: Prevention, intervention, and postvention.* Boston: Allyn and Bacon.

多元與多文化

Bireley, M., & Genschaft, J. (1991). *Understanding the gifted adolescent: Educational, emotional, and multicultural issues.* New York: Teachers College Press.

Cline, S., & Schwartz, D. (1999). *Diverse populations of gifted children: Meeting their needs in the regular classroom and beyond.* New York: Prentice Hall.

Ford, D. Y., & Harris, J. J. (1999). *Multicultural gifted education.* New York: Teachers College Press.

充實制

Junior Great Books Program
    1-800.222.5870
    www.greatbooks.org/

Summer Institute for the Gifted
    www.cpg-sig.com/

資優兒童

書

Clark, B. (1997). *Growing up gifted: Developing the potential of children at home and at school, (5th ed.).* Upper Saddle River, NJ: Merrill.

Colangelo, N., & Davis, G. A. (1997). *Handbook of gifted education, (2nd ed.).* Boston: Allyn and Bacon.

Piirto, J. (1994). *Talented children and adults: Their development and education.* New York: Macmillan/Merrill.

Winner, E. (1997). *Gifted children: Myths and realities.* New York: Harper Collins.

網路資源

Academic Talent/UC Berkeley—
www.atdp.berkely.edu

American Association for Gifted Children
www.jayi.com.aagc

Arizona Center for Academic Precocity
www-cap.ed.asu.edu/

Belin-Blank Center for Gifted Education and Talent Development
www.uiowa.edu/~/belinctr/

Center for Talent Development, Northwestern University
www.ctd.northwestern.edu/

The ERIC Clearinghouse
www.ericec.org/

Hoagie's Gifted Education Page
www.hoagiesgifted.org/

Lifeline to the Net's Gifted Resources Index
members.aol.com/discanner/index

Midwest Talent Search (Northwestern University)
www.ctdnet.acns.nwu.edu/

The National Association for Gifted Children
www.nacg.org/

The National Foundation for Gifted and Creative Children
www.nfgcc.org/

The National Research Center on the Gifted and Talented
www.gifted.uconn.edu/

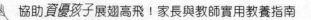

National Research Center on Gifted and Talented (NRCG/T)
www.ucc.uconn.edu/edu/wwwgt/nrcgt.html

Rocky Mountain Talent Search
www.du.edu/education/ces/rtms.html

TAGFAM – Families of the Gifted and Talented
www.TAGFAM.org

YAHOO Resources for/about Gifted Youth K-12
www.yahoo.colm/text/education/k_12/Gifted_Youth

Your state's Department of Education

資優兒童的自我形象

American Association for Gifted Children (1984). *On being gifted.*
New York: Walker & Co.

Delisle, J. R. (1986). *Gifted kids speak out: Hundreds of kids 6-13
talk about school, friends, their families, and the future.*
Minneapolis: Free Spirit Publishing.

資優與障礙

Baum, S. M., Owen, S. V., & Dixon, J. (1991). *To be gifted and
learning disabled.* Mansfield Center, CT: Creative
Learning Press, Inc.

Bireley, M. (1999). *Crossover children: A sourcebook for helping children who are gifted and learning disabled.* Minneapolis: Free Spirit Publishing.

JHU Center for Talented Youth Staff (1991). *The gifted learning disabled student.* Baltimore, MD: Johns Hopkins University.

Whitmore, J. R., & Maker, C. J. (1985). *Intellectual giftedness in disabled persons.* Austin, TX: PRO-ED.

資優父母支持團體

Webb, J. T., & DeVries, A. R. (1998). *Gifted parent groups: The SENG model.* Scottsdale, AZ: Gifted Psychology Press.

高度資優

The Gifted Development Center
www.gifteddevelopment.org/

The Hollingworth Center for Highly Gifted Children
www.hollingworth.org/

在家上學

Dobson, L. (1999). *The homeschooling book of answers.* Rocklin, CA: Prima Publishing.

Field, C. M. (1998). *A field guide to home schooling.* Grand Rapids, MI: Fleming H. Revello Co.

Gifted Children and Home Schooling
members.aol.com/discanner/gift/home.html

National Home School Association
P. O. Box 157290
Cincinnati, OH 45215-7290

多元智能

Gardner, H. (1983). *Frames of mind: The theory of multiple intelligences*. New York: Basic Books.

教養

Bettelheim, B. (1988). *A good enough parent*. New York: Vintage Books.

Brazelton, T. B. (1994). *Touchpoints: Your child's emotional and behavioral development*. New York: Perseus Books.

Dreikurs, R. (1992). *Discipline without tears*. New York: Plume.

Nelsen, J., Lott, L., & Glenn, H. S. (1999). *Positive discipline A to Z (Revised and Expanded 2nd ed.)*. Rocklin, CA: Prima Publishing.

教養資優兒童

Benson, P., Galbraith, J., & Espeland, P. (1998). *What kids need to succeed*. Minneapolis: Free Spirit Publishing.

Csikszentmihalyi, M. (1996). *Talented teenagers: The roots of success and failure.* New York: Cambridge University Press.

Delisle, D., & Delisle, J. R. (1996). *Growing good kids: 28 activities to enhance self-awareness, compassion, and leadership.* Minneapolis: Free Spirit Publishing.

Knopper, D. (1994). *Parent education: Parents and partners.* Boulder, CO: Open Space Communications.

Rimm, S. B. (1997). *Smart parenting: How to parent so children will learn.* New York: Crown Publishing.

Saunders, J., & Espeland, P. (1991). *Bringing out the best: A resource guide for parents of young gifted children.* Minneapolis: Free Spirit Publishing.

Walker, S. Y., & Perry, S. K. (1991). *The survival guide for parents of gifted children: How to understand, live with, and stick up for your gifted child.* Minneapolis: Free Spirit Publishing.

Webb, J. T., Meckstroth, E. A., & Tolan, S. S. (1982). *Guiding the gifted child: A practical source for parents and teachers.* Dayton, OH: Ohio Psychology Press (now Gifted Psychology Press).

完美主義

Adderholdt-Elliott, M. (1999). *Perfectionism: What's bad about being too good? (2nd ed.)*. Minneapolis: Free Spirit Publishing.

資優兒童的社會和情緒需求

Schmitz, C., & Galbraith, J. (1985). *Managing the social and emotional needs of the gifted: A teacher's survival manual*. Minneapolis: Free Spirit Publishing.

成就不及預期

Rimm, S. B. (1996). *Why bright children get poor grades: And what you can do about it*. New York: Crown Publishing.

Whitmore, J. R. (1980). *Giftedness, conflict, and underachievement*. Boston: Allyn and Bacon.

附錄二　台灣資優教育網路資源

網站名稱	超連結網址
教育部特殊教育工作小組	http://spcedu.tkblind.tku.edu.tw/
教育部中部辦公室	http://203.68.64.6/
台北市教育局第五科（特殊教育）	http://www.edunet.taipei.gov.tw/
中華民國特殊教育學會	http://searoc.aide.gov.tw/
全國特殊教育資訊網	http://www.spc.ntnu.edu.tw/
中華資優教育學會	http://www.ntnu.edu.tw/spe/cage/
台北市資優教育資源中心	http://trcgt.ck.tp.edu.tw/
教育部特教通報網	http://www.set.edu.tw/default.asp
遠哲科學教育基金會	http://www.ytlee.org.tw
奧林匹克資優數學	http://www.olpc.com.tw/new/math.asp
特教相關圖書論文查詢系統	http://140.122.65.138/special/book.html
多元智能教學網站	http://www.ntnu.edu.tw/spc/mi/homepage.html
思摩特—Smart 教師專業社群	http://sctnet.edu.tw/index.php

參考書目

Adderholdt-Elliott, M. (1999). *Perfectionism: What's bad about being too good? (2nd ed.)*. Minneapolis: Free Spirit Publishing.

American Association for Gifted Children (1984). *On being gifted*. New York: Walker & Co.

Assouline, S., Colangelo, N., Lupkowski-Shoplik, A., & Lipscomb, J. (1998). *Iowa Acceleration Scale: A guide for whole-grade acceleration*. Scottsdale, AZ: Gifted Psychology Press.

Barrett, S. (1985). *It's all in your head: A guide to understanding your brain and boosting your brain power*. Minneapolis: Free Spirit Publishing.

Baum, S. M., Owen, S. V., & Dixon, J. (1991). *To be gifted and learning disabled*. Mansfield Center, CT: Creative Learning Press, Inc.

Benson, P., Galbraith, J., & Espeland, P. (1998). *What kids need to succeed*. Minneapolis: Free Spirit Publishing.

Berger, S. L. (1998). *College planning for gifted students (2nd ed., Revised)*. Reston, VA: The Council for Exceptional Children.

Bettelheim, B. (1998). *A good enough parent.* New York: Vintage.

Bireley, M. (1999). *Crossover children: A sourcebook for helping children who are gifted and learning disabled.* Minneapolis: Free Spirit Publishing.

Bireley, M., & Genschaft, J. (1991). *Understanding the gifted adolescent: Educational, emotional, and multicultural issues.* New York: Teachers College Press.

Borland, J. (1989). *Planning and implementing programs for the gifted.* New York: Teachers College Press.

Brazelton, T. B. (1994). *Touchpoints: Your child's emotional and behavioral development.* New York: Perseus Books.

Burns, D. (1999). *Feeling good: The new mood therapy.* New York: Avon.

California Association for the Gifted (1998). *The challenge of raising your gifted child.* Mountain View, CA.

Clark, B. (1998). *Growing up gifted: Developing the potential of children at home and at school (5th ed.).* Upper Saddle River, NJ: Merrill.

Cline, S., Schwartz, D. (1999). *Diverse populations of gifted children: Meeting their needs in the regular classroom and beyond.* New York: Prentice Hall.

Cohen, L. M. (1990). *Meeting the needs of gifted and talented language minority students.* ERIC Digest (E480). Reston, VA: ERIC Clearinghouse on Handicapped and Gifted Children.

Colangelo, N., & Davis, G. A. (1997). *Handbook of gifted education (2nd ed.).* Boston: Allyn and Bacon.

Cox, J. (1985). *Educating able learners.* Austin: University of Texas Press.

Csikszentmihalyi, M. (1996). *Talented teenagers: The roots of success and failure.* New York Cambridge University Press.

Daniel, N., & Cox, J. (1988). *Flexible pacing for able learners.* Reston, VA: The Council for Exceptional Children.

Davis, G. A., & Rimm, S. B. (1997). *Education of the gifted and talented (3rd ed.).* Boston: Allyn & Bacon.

Delisle, D., & Delisle, J. R. (1996). *Growing good kids: 28 activities to enhance self-awareness, compassion, and leadership.* Minneapolis: Free Spirit Publishing.

Delisle, J. R. (1991, February 27). Aren't all children athletic? *Education Week*, Commentary.

Delisle, J. R. (1986). *Gifted kids speak out: Hundreds of kids 6-13 talk about school, friends, their families, and the future.* Minneapolis: Free Spirit Publishing.

Dobson, L. (1999). *The homeschooling book of answers.* Rocklin, CA: Prima Publishing.

Dreikurs, R. (1992). *Discipline without tears.* New York: Plume.

Dreikurs, R., & Soltz, V. (1992). *Children: The challenge.* New York: Plume.

Featherstone, B., & Reilly, J. M. (1990). *College comes sooner than you think: The essential college planning guide.* Scottsdale, AZ: Gifted Psychology Press (formerly Ohio Psychology Press).

Field, C. M. (1998). *A field guide to home schooling.* Grand Rapids, MI: Fleming H. Revello. Co.

Ford, D. Y., & Harris, J. J. (1999). *Multicultural gifted education.* New York: Teachers College Press.

Ford, D. Y., & Thomas, A. (1997). *Underachievement among gifted minority students: Problems and promises.* ERIC Digest (E554). Reston, VA: The ERIC Clearinghouse on Disabilities and Gifted Education.

Ford, D. Y. (1994). *The recruitment and retention of african american students in gifted education programs: Implications and recommendation* (RBDM 9406). Storrs, CT: The National Research Center on the Gifted and Talented, University of Connecticut.

Frasier, M. M., Hunsaker, S. L., Lee, J., Mitchell, S., Cramond, B., Garcia, J. H., Martin, D., Frank, E., & Finley, V. S. (1995). *Core attributes of giftedness: A foundation for recognizing the gifted potential of economically disadvantaged students* (RM95210). Storrs, CT: The National Research Center on Gifted and Talented, University of Connecticut.

Frasier, M. M., Garcia, J. H, & Passow, A. H. (1995). *A review of assessment issues in gifted education and their implications for identifying gifted minority students* (RM95204). Storrs, CT: The National Research Center on the Gifted and Talented, University of Connecticut.

Galbraith, J. (1998). *The gifted kid's survival guide for ages 10 and under.* Minneapolis: Free Spirit Publishing.

Galbraith, J., & Delisle, J. R. (1996). *The gifted kid's survival guide: A Teen handbook.* Minneapolis: Free Spirit Publishing.

Gallagher, J. (1985). *Teaching the gifted child.* Boston: Allyn & Bacon.

Gardner, H. (1983). *Frames of mind: The theory of multiple intelligences.* New York: Basic Books

Halsted, J. W. (1994). *Some of my best friends are books: Guiding gifted readers from pre-school to high school.* Scottsdale, AZ: Gifted Psychology Press (formerly Ohio Psychology Press).

Hoge, R. D., & Renzulli, J. S. (1991). *Self-concept and the gifted child* (RBDM9104). Storrs, CT: The National Research Center on the Gifted and Talented, University of Connecticut.

Johns Hopkins University Center for Talented Youth Staff (1991). *The gifted learning disabled student.* Baltimore: Johns Hopkins University.

Karnes, F. A., & Chauvin, J. C. (2000). *Leadership development program manual.* Scottsdale, AZ: Gifted Psychology Press.

Karnes, F. A., & Marquardt, R. G. (1999). *Gifted children and legal issues: An update.* Scottsdale, AZ: Gifted Psychology Press.

Karnes, F. A., & Marquardt, R. G. (1991). *Gifted children and legal issues in education: Parents' stories of hope.* Dayton, OH: Ohio Psychology Press (now Gifted Psychology Press).

Karnes, F. A., & Marquardt, R. G. (1991). *Gifted children and the law: Mediation, due process, and court cases.* Dayton, OH: Ohio Psychology Press (now Gifted Psychology Press).

Kerr, B. A. (1991). *A handbook for counseling the gifted and talented.* Alexandria, VA: American Psychological Association.

Kathnelson, A., & Colley, L. (1982). *Personal and professional characteristics valued in teachers of the gifted.* Paper presented at California State University, Los Angeles.

Kenny, D. A., Archambault, F. X., Jr., & Hallmark, B. W. (1995). *The effects of group composition on gifted and non-gifted elementary students in cooperative learning groups* (RM 95116). Storrs, CT: The National Research Center on the Gifted and Talented, University of Connecticut.

Knopper, D. (1994). *Parent education: Parents and partners.* Boulder, CO: Open Space Communications.

Lewis, B. A. (1991). *The kid's guide to social action.* Minneapolis: Free Spirit Publishing.

Nelsen, J., Lott, L., & Glenn, H. S. (1999). *Positive discipline A to Z (Revised and Expanded 2nd ed.).* Rocklin, CA: Prima Publishing.

Partos, P. G., & Shamoo, T. K. (1989). *Depression and suicide in children and adolescents: Prevention, intervention, and postvention.* Boston, MA: Allyn & Bacon.

Piirto, J. (1998). *Understanding those who create (2nd ed.).* Scottsdale, AZ: Gifted Psychology Press.

Piirto, J. (1994). *Talented children and adults: Their development and education.* New York: Macmillan/Merrill.

Reilly, J. (1992). *Mentorship: The essential guide for schools and business.* Scottsdale, AZ: Gifted Psychology Press (formerly Ohio Psychology Press).

Reis, S. M., Westberg, K. L., Kulikowich, J., Caillard, F., Hébert, T., Plucker, J., Purcell, J. H., Rogers, K. B., & Smist, J. (1993). *Why not let high ability students start school in January? The curriculum compacting study* (RM93106). Storrs, CT: The National Research Center on Gifted and Talented, University of Connecticut.

Rimm, S. B. (1996). *Why bright children get poor grades: And what you can do about it.* New York, Crown Publishing.

Rimm, S. B. (1997). *Smart parenting: How to parent so children will learn.* New York: Crown Publishing.

Rimm, S. B. (1994). *Keys to parenting the gifted child.* Hauppauge, NY: Barron's Educational Series, Inc.

Rogers, K. B., & Silverman, L. K. (1997, January). *A study of 241 profoundly gifted children.* Paper presented at the National Association for Gifted Children 44th Annual Convention, Little Rock, AK.

Rogers, K. B. (1991). *The relationship of grouping practices on the education of the gifted and talented learner.* (RBDM 9102). Storrs, CT: The National Research Center on the Gifted and Talented, University of Connecticut.

Robinson, N. M. (1993). *Parenting the very young gifted child* (RBDM9308). Storrs, CT: The National Research Center on the Gifted and Talented, University of Connecticut.

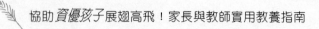

Saunders, J., & Espeland, P. (1991). *Bringing out the best: A resource guide for parents of young gifted children.* Minneapolis: Free Spirit Publishing.

Schmitz, C., & Galbraith, J. (1985). *Managing the social and emotional needs of the gifted: A teacher's survival manual.* Minneapolis: Free Spirit Publishing.

Silverman, L. K. (1999). *What we have learned about gifted children, 1979-1999.* Denver: Gifted Development Center.

Silverman, L. K. (1993). A developmental model for counseling the gifted. In L.K. Silverman (Ed.), *Counseling the gifted and talented* (pp. 57-59). Denver: Love Publishing Company.

Smutny, J. F., Walker, S. Y., & Meckstroth, E. A. (1997). *Teaching young gifted children in the regular classroom.* Minneapolis: Free Spirit Publishing.

Sternberg, R. J. (Ed.) (1999). *Handbook of creativity.* New York: Cambridge University Press.

Sternberg, R. J. (1995). *Defying the crowd: Cultivating creativity in a culture of conformity.* New York: Free Press.

Sternberg, R. J., & Davidson, J. (Eds.) (1986). *Conceptions of giftedness.* New York: Cambridge University Press.

Tolan, S. S. (1990). *Helping your highly gifted child.* ERIC EC Digest (E477). Reston, VA: The Council for Exceptional Children.

Torrance, E. P., & Goff, K. (1989). A quiet revolution. *Journal of Creative Behavior, 23*, 2, 136-145.

Van Tassel-Baska, J. L. (1998). Disadvantaged learners with talent. In Van Tassel-Baska (Ed.), *Excellence in educating gifted and talented learners* (p. 98). Denver: Love Publishing Company.

Van Tassel-Baska, J. L. (Ed.) (1993). *Comprehensive curriculum for gifted learners.* Boston: Allyn & Bacon, Inc.

Van Tassel-Baska, J. L. (1992). *Planning effective curriculum for gifted learners.* Denver, CO: Love Publishing Company.

Van Tassel-Baska, J. L. (1991). Identification of candidates for acceleration: Issues and concerns. In W. T. Southern & E.D. Jones (Eds). *The academic acceleration of gifted children.* New York: Teachers College Press.

Walker, S. Y., & Perry, S. K. (1991). *The survival guide for parents of gifted children: How to understand, live with, and stick up for your gifted child.* Minneapolis: Free Spirit Publishing.

Webb, J. T., & Devries, A. R. (1998). *Gifted parent groups: The SENG model.* Scottsdale, AZ: Gifted Psychology Press.

Webb, J. T., & Latimer, D. (1993). *ADHD and children who are gifted.* ERIC EC Digest (E522). Reston, VA: The Council for Exceptional Children.

Webb, J. T., Meckstroth, E. A., & Tolan, S .S. (1982). *Guiding the gifted child: A practical source for parents and teachers.* Dayton, OH: Ohio Psychology Press (now Gifted Psychology Press).

Whitmore, J. R., & Maker, C. J. (1985). *Intellectual giftedness in disabled persons.* Austin, TX: PRO-ED.

Whitmore, J. R. (1980). *Giftedness, conflict, and underachievement.* Boston: Allyn & Bacon.

Willard-Holt, C. (1999). *Dual exceptionalities.* ERIC EC Digest (E574). Reston, VA: The Council for Exceptional Children.

Winebrenner, S. (1992). *Teaching gifted children in the regular classroom.* Minneapolis: Free Spirit Publishing.

Winner, E. (1997). *Gifted children: Myths and realities.* New York: Harper Collins.

國家圖書館出版品預行編目資料

協助資優孩子展翅高飛：家長與教師實用教養
指南／Carol A. Strip, Gretchen Hirsch 原著；
張毓如, 張美貞譯. -- 初版. -- 臺北
市：心理, 2004（民 93）
　　面；　　公分. --（親師關懷；19）
參考書目：面
譯　自：Helping gifted children soar : a
practical guide for parents and teachers

ISBN 978-957-702-644-6（平裝）

1.資賦優異教育　　2.親職教育
529.61　　　　　　　　　　　　　92022415

親師關懷 19　**協助資優孩子展翅高飛：家長與教師實用教養指南**

作　　者：Carol A. Strip、Gretchen Hirsch

譯　　者：張毓如、張美貞

責任編輯：張毓如

攝　　影：張毓如

總 編 輯：林敬堯

發 行 人：洪有義

出 版 者：心理出版社股份有限公司

社　　址：台北市和平東路一段 180 號 7 樓

總　　機：(02) 23671490　傳　真：(02) 23671457

郵　　撥：19293172 心理出版社股份有限公司

電子信箱：psychoco@ms15.hinet.net

網　　址：www.psy.com.tw

駐美代表：Lisa Wu　tel：973 546-5845　fax：973 546-7651

登 記 證：局版北市業字第 1372 號

電腦排版：臻圓打字印刷有限公司

印 刷 者：玖進印刷有限公司

初版一刷：2004 年 1 月

初版二刷：2007 年 2 月

讀者意見回函卡

No. _____　　　　　　　　　　填寫日期：　年　　月　　日

感謝您購買本公司出版品。為提升我們的服務品質，請惠填以下資料寄回本社【或傳真(02)2367-1457】提供我們出書、修訂及辦活動之參考。您將不定期收到本公司最新出版及活動訊息。謝謝您！

姓名：_____　　性別：1□男　2□女

職業：1□教師 2□學生 3□上班族 4□家庭主婦 5□自由業 6□其他____

學歷：1□博士 2□碩士 3□大學 4□專科 5□高中 6□國中 7□國中以下

服務單位：_____　部門：_____　職稱：_____

服務地址：_____　電話：_____　傳真：_____

住家地址：_____　電話：_____　傳真：_____

電子郵件地址：_____

書名：_____

一、您認為本書的優點：（可複選）

　❶□內容 ❷□文筆 ❸□校對 ❹□編排 ❺□封面 ❻□其他____

二、您認為本書需再加強的地方：（可複選）

　❶□內容 ❷□文筆 ❸□校對 ❹□編排 ❺□封面 ❻□其他____

三、您購買本書的消息來源：（請單選）

　❶□本公司 ❷□逛書局⇨_____書局 ❸□老師或親友介紹

　❹□書展⇨____書展 ❺□心理心雜誌 ❻□書評 ❼其他_____

四、您希望我們舉辦何種活動：（可複選）

　❶□作者演講 ❷□研習會 ❸□研討會 ❹□書展 ❺□其他____

五、您購買本書的原因：（可複選）

　❶□對主題感興趣 ❷□上課教材⇨課程名稱_____

　❸□舉辦活動　❹□其他_____　　　　　（請翻頁繼續）

```
┌─────────────────────┐
│  廣  告  回  信      │
├─────────────────────┤
│  台 北 郵 局 登 記 證 │
├─────────────────────┤
│  台 北 廣 字 第 940 號 │
└─────────────────────┘
```
（免貼郵票）

 心理出版社 股份有限公司

台北市 106 和平東路一段 180 號 7 樓

TEL: (02) 2367-1490
FAX: (02) 2367-1457
EMAIL:psychoco@ms15.hinet.net

沿線對折訂好後寄回

六、您希望我們多出版何種類型的書籍

❶□心理　❷□輔導　❸□教育　❹□社工　❺□測驗　❻□其他

七、如果您是老師，是否有撰寫教科書的計劃：□有□無

　　書名／課程：＿＿＿＿＿＿＿＿＿＿＿＿＿＿＿＿＿＿＿＿＿

八、您教授／修習的課程：

上學期：＿＿＿＿＿＿＿＿＿＿＿＿＿＿＿＿＿＿＿＿＿＿＿＿＿

下學期：＿＿＿＿＿＿＿＿＿＿＿＿＿＿＿＿＿＿＿＿＿＿＿＿＿

進修班：＿＿＿＿＿＿＿＿＿＿＿＿＿＿＿＿＿＿＿＿＿＿＿＿＿

暑　假：＿＿＿＿＿＿＿＿＿＿＿＿＿＿＿＿＿＿＿＿＿＿＿＿＿

寒　假：＿＿＿＿＿＿＿＿＿＿＿＿＿＿＿＿＿＿＿＿＿＿＿＿＿

學分班：＿＿＿＿＿＿＿＿＿＿＿＿＿＿＿＿＿＿＿＿＿＿＿＿＿

九、您的其他意見

＿＿＿＿＿＿＿＿＿＿＿＿＿＿＿＿＿＿＿＿＿＿＿＿＿＿＿＿＿

謝謝您的指教！　　　　　　　　　　　　　　　　45019